Mémoires sur les contrées occidentales

Xuanzang

1857

© 2025, M. Xuanzang (domaine public)
Édition : BoD · Books on Demand, 31 avenue Saint-
Rémy, 57600 Forbach, bod@bod.fr
Impression : Libri Plureos GmbH, Friedensallee 273,
22763 Hamburg (Allemagne)
ISBN : 978-2-3225-6007-3
Dépôt légal : Janvier 2025

MÉMOIRES

SUR

LES CONTRÉES OCCIDENTALES,

TRADUITS DU SANSCRIT EN CHINOIS, EN L'AN 648.

PAR HIOUEN-THSANG,

ET DU CHINOIS EN FRANÇAIS

PAR M. STANISLAS JULIEN,

MEMBRE DE L'INSTITUT,
PROFESSEUR DE LANGUE ET DE LITTÉRATURE CHINOISE,
ADMINISTRATEUR DU COLLÈGE IMPÉRIAL DE FRANCE, OFFICIER DE LA LÉGION D'HONNEUR,
ET DES ORDRES DE L'AIGLE ROUGE ET DU SAUVEUR,
CHEVALIER DE L'ORDRE DE SAINT STANISLAS, 2° CLASSE, ET DE L'ORDRE DES SS. MAURICE ET LAZARE
ETC. ETC.

TOME PREMIER

CONTENANT LES LIVRES I À VIII, ET UNE CARTE DE L'ASIE CENTRALE.

MÉMOIRES DE HIOUEN-THSANG.

LIVRE PREMIER. (Trente-quatre royaumes.)

I. Royaume de *'O-ki-ni* (Akni ou Agni)
II. Royaume de *K'iu-tchi* (Koutche)
III. Royaume de *Pa-lou-kia* (Bâloukâ ?)
IV. Royaume de *Nou-tch'i-kien* (Nouchidjan)
V. Royaume de *Tche-chi* (Tchadj)
VI. Royaume de *Feï-han* (Fergana)
VII. Royaume de *Sou-tou-li-se-na* (Soutrichna)
VIII. Royaume de *Sa-mo-kien* (Samarkand)
IX. Royaume de *Mi-mo-kia* (Mimakha)
X. Royaume de *K'io-pou-ta-na* (Kapôtana ?)
XI. Royaume de *K'iu-choang-ni-kia* (Kouçannika ?)
XII. Royaume de *Ho-han* (Gahan ?)
XIII. Royaume de *Pou-ko* (Pouga ?)
XIV. Royaume de *Fa-ti* (Vadi)
XV. Royaume de *Ho-li-si-mi-kia* (Kharizm)
XVI. Royaume de *Kie-choang-na* (Kaçanna)
XVII. Royaume de *Ta-mi* (Termed).
XVIII. Royaume de *Tch'i-'go-yen-na* (Tchagayana)
XIX. Royaume de *Ho-lou-mo* (Kolom)

XX. Royaume de *Sou-man* (Chouman)
XXI. Royaume de *Kio-ho-yen-na* (Kouvayana ?)
XXII. Royaume de *Hou-cha* (Och)
XXIII. Royaume de *Kho-tou-lo* (Kotol)
XXIV. Royaume de *Kiu-mi-tho* (Koumidha)
XXV. Royaume de *Po-kia-lang* (Baglan)
XXVI. Royaume de *He-lou-si-min-kien* (Hrosminkan ?)
XXVII. Royaume de *Ho-lin* (Khorin ?)
XXVIII. Royaume de *Po-ho ou Po-ho-lo* (Balkh)
XXIX. Royaume de *Jouï-mo-tho* (Djoumadha ?)
XXX. Royaume de *Hou-chi-kien* (Houdjikan)
XXXI. Royaume de *Ta-la-kien* (Talkan)
XXXII. Royaume de *Kie-tchi* (Gatchi)
XXXIII. Royaume de *Fan-yen-na* (Bamian)
XXXIV. Royaume de *Kia-pi-che* (Kapiça)

LIVRE DEUXIÈME. (Trois royaumes.)

Notice sur l'Inde.
XXXV. Royaume de *Lan-po* (Lampâ)
XXXVI. Royaume de *Na-kie-lo* (Nagarahâra)
XXXVII. Royaume de *Kien-t'o-lo* (Gândhâra)

LIVRE TROISIÈME. (Huit royaumes.)

XXXVIII. Royaume de *Ou-tchang-na* (Oudyâna)
XXXIX. Royaume de *Po-lou-lo* (Bolor)

XL. Royaume de *Ta-tch'a-chi-lo* (Takchaçilâ)
XLI. Royaume de *Seng-ho-pou-lo* (Sinhapoura)
XLII. Royaume de *On-la-chi* (Ouraçî)
XLIII. Royaume de *Kia-chi-mi-to* (Kâçmîra)
XLIV. Royaume de *Pouan-nou-tso* (Pounalcha)
XLV. Royaume de *Ko-lo-che-pou-lo* (Râdjapoura)

LIVRE QUATRIÈME. (Quinze royaumes.)

XLVI. Royaume de *Tse-kia* (Tchêka)
XLVII. Royaume de *Tchi-na-po-ti* (Tchînapati)
XLVIII. Royaume de *Che-lan-t'o-lo* (Djâlandhara)
XLIX. Royaume de *K'iu-lou-to* (Koulouta)
L. Royaume de *Che-to-t'ou-lou* (Çatadrou)
LI. Royaume de *Po-li-ye-to-lo* (Pâryâtra)
LII. Royaume de *Mo-thou-lo* (Mathourâ)
LIII. Royaume de *Sa-t'a-ni-chi-fa-lo* (Sthânêçvara)
LIV. Royaume de *Sou-lo-k'in-na* (Sroughna)
LV. Royaume de *Mo-ti-pou-lo* (Matipoura)
LVI. Royaume de *P'o-lo-ki-mo-pou-lo* (Brahmapoura)
LVII. Royaume de *Kiu-pi-choang-na* (Gôviçana ?)
LVIII. Royaume de *'O-hi-tchi-la-lo* (Ahikchêtra)
LIX. Royaume de *Pi-lo-chan-na* (Vîraçâna ?)
LX. Royaume de *Kie-pi-tha* (Kapitha)

LIVRE CINQUIÈME. (Six royaumes.)

LXI. Royaume de *Kie-jo-kio-che* (Kanyâkoubdja)
LXII. Royaume de *'O-yu-t'o* (Ayôdhyâ)
LXIII. Royaume de *'O-ye-mou-khie* (Hayamoukha)
LXIV. Royaume de *Po-lo-ye-kia* (Prayâga)
LXV. Royaume de *Kiao chang-mi* (Kâuçâmbî)
LXVI. Royaume de *Pi-so-kia* (Vâisaka)

LIVRE SIXIÈME. (Quatre royaumes.)

LXVII. Royaume de *Che-lo-fa-si-ti* (Çrâvastî)
LXVIII. Royaume de *Kie-pi-lo-fa-sou-tou* (Kapilavastou)
LXIX. Royaume de *Lan-mo* (Râmagrâma)
LXX. Royaume de *Keou-chi-na-kie-lo* (Kouçinagara)

LIVRE SEPTIÈME. (Cinq royaumes.)

LXXI. Royaume de *P'o-lo-ni-sse* (Vârânaçî)
LXXII. Royaume de *Tchen-tchou* (Yôdhapatipoura ?)
LXXIII. Royaume de *Feï-che-li* (Vâiçâlî)
LXXIV. Royaume de *Fo-li-chi* (Vridji)
LXXV. Royaume de *Ni-po-lo* (Nipala)

LIVRE HUITIÈME.

LXXVI. Royaume de *Mo-kie-t'o* (Magadha), Première partie

TABLE DES MATIÈRES.

DU TOME SECOND

Pages.

PRÉFACE

LIVRE NEUVIÈME.

LXXVI. Royaume de *Mo-kie-t'o* (Magadha). Seconde partie

LIVRE DIXIÈME. (Dix-sept royaumes.)

LXXVII. Royaume de *l-lan-na-po-fa-to* (Hiranyaparvata)
LXXVIII. Royaume de *Tchen-po* (Tchampâ)
LXXIX. Royaume de *Kie-tchou-ou-khi-lo* (Kadjoûghira)
LXXX. Royaume de *Poun-na-fa-t'an-na* (Poundravarddhana)
LXXXI. Royaume de *Kia-ma-leou-po* (Kâmaroûpa)
LXXXII. Royaume de *San-mo-ta-tch'a* (Samatata)
LXXXIII. Royaume de *Tan-mo-li-ti* (Tâmraliptî)
LXXXIV. Royaume de *Kie-lo-na-sou-fa-la-na* (Karnasouvarna).
LXXXV. Royaume de *Ou-tch'a* (Ouda)

LXXXVI. Royaume de *Kong-yu-t'o* (Kônyôdha ?)
LXXXVII. Royaume de *Kie-ling-kia* (Kalinga)
LXXXVIII. Royaume de *Kiao-sa-lo* (Kôsala)
LXXXIX. Royaume de *'An-ta-lo* (Andhra)
XC. Royaume de *T'o-na-kia-ise-kia* (Dhanakatchêka)
XCI. Royaume de *Tchou-li-ye* (Tchoulya)
XCII. Royaume de *Ta-lo-pi-tch'a* (Drâvida)
XCIII. Royaume de *Mo-lo-kiu-tch'a* (Malakoûta)

LIVRE ONZIÈME. (Vingt-trois royaumes.)

XCIV. Royaume de *Seng-kia-lo* (Siñhala)
XCV. Royaume de *Kong-kien-na-pou-lo* (Kônkanâpoura)
XCVI. Royaume de *Mo-ho-la-tch'a* (Mahârâchtra)
XCVII. Royaume de *Po-lou-kie-tch'e-p'o* (Barougatch'eva)
XCVIII. Royaume de *Mo-la-p'o* (Mâlava— Malva)
XCIX. Royaume de *'O-tch'a-li* (Alali)
C. Royaume de *K'ie-tch'a* (Khatcha)
CI. Royaume de *Fa-la-pi* (Vallabhî)
CII. Royaume de *'O-nan-t'o-pou-lo* (Ânandapoura)
CIII. Royaume de *Sou-la-tch'a* (Sourâchtra)
CIV. Royaume de *Kiu-tche-lo* (Gourdjdjara)
CV. Royaume de *Ou-che-yen-na* (Oudjdjayana)
CVI. Royaume de *Tchi-ki-t'o* (Tchikdha ?)
CVII. Royaume de *Mo-hi-chi-fa-lo-pou-lo* (Mahêçvarapoura).

CVIII. Royaume de *Sin-tou* (Sindhou)
CIX. Royaume de *Meou-lo-san-p'ou-lo* (Moûlasambhourou ? — Moûltan)
CX. Royaume de *Po-fa-to* (Parvata)
CXI. Royaume de *'O-tien-p'o-tchi-lo* (Atyanvakîla ?)
CXII. Royaume de *Lang-kie-lo* (Langala)
CXIII. Royaume de *Po-la-sse* (Parsa)
CXIV. Royaume de *Pi-io-chi-lo* (Pitâçilâ)
CXV. Royaume de *'O-fan-tch'a* (Avanda)
CXVI. Royaume de *Fa-la-na* (Varana)

LIVRE DOUZIÈME. (Vingt-deux royaumes.)

CXVII. Royaume de *Tsao-kiu-tch'a* (Tsâukoûta)
CXVIII. Royaume de *Fo-li-chi-sa-t'ang-na* (Vridjisthâna)
CXIX. Royaume de *'An-ta-la-fo* (Antarava)
CXX. Royaume de *K'ouo-si-to* (Khousta)
CXXI. Royaume de *Houo* (Ghoûr)
CXXII. Royaume de *Moung-kien* (Mounkan)
CXXIII. Royaume de *'O-li-ni* (Alni ou Ami)
CXXIV. Royaume de *Ho-lo-hou* (Rohou-Roh ?)
CXXV. Royaume de *Ki-li-sse-mo*
CXXVI. Royaume de *Po-li-ho*
CXXVII. Royaume de *Hi-mo-la-lo* (Himatala)
CXXVIII. Royaume de *Po-to-tchoang-na* (Padasthâna ?)
CXXIX. Royaume de *In-po-kien* (Invakan)
CXXX. Royaume de *Kiu-lang-na* (Kourana)

CXXXI. Royaume de *Ta-mo-si-t'ie-li* (Tamasthiti ?)
CXXXII. Royaume de *Chi-khi-ni* (Chaghnan)
CXXXIII. Royaume de *Chang-mi* (Çâmbhî)
CXXXIV. Royaume de *K'ic-p'an-t'o* (Khavandha ?)
CXXXV. Royaume de *Ou-cha* (Och)
CXXXVI. Royaume de *Kie-cha* (Kachgar)
CXXXVII. Royaume de *Tcho-keou-kia* (Tchakouka)
CXXXVIII. Royaume de *Kiu-sa-tan-na* (Koustana)

Mémoire analytique
Index
Index
Index
Index
Index
Liste
Errata alphabétique
Note
Carte japonaise de l'Asie centrale et de l'Inde

AVERTISSEMENT DU TRADUCTEUR.

J'avais formé, il y a bien longtemps, le projet de publier, en français, les relations des pèlerins chinois qui ont voyagé, du IVe au Xe siècle, à l'occident de leur pays, et particulièrement dans l'Inde, pour visiter les monuments bouddhiques, étudier la doctrine de Çakyamouni, et rapporter dans leur patrie les manuscrits originaux qui en contenaient les textes et les commentaires. J'aurais commencé par le *Fo-koue-ki* (Mémoire sur les royaumes de *Fo*) de *Fa-kien*, s'il n'eût pas été déjà traduit et publié par deux savants renommés, auxquels avait manqué une connaissance indispensable, l'intelligence de la langue sanscrite. Je ferai entrer plus tard ce petit ouvrage dans mon Recueil, après y avoir inséré plusieurs relations jusqu'ici inédites. Parmi ces dernières, il en était une d'une haute valeur, et à laquelle je devais me consacrer avant tout, je veux dire le *Si-yu-ki* (Mémoires sur les contrées occidentales) de *Hiouen-thsang*, qui avait passé dix-sept ans hors de son pays, au milieu des intéressantes et pénibles excursions où l'entraînaient le désir ardent de s'instruire, et surtout son zèle et son enthousiasme religieux.

À la sollicitation pressante de mon illustre ami, M. le baron Alex. de Humboldt, j'avais d'abord ébauché la traduction du commencement du *Si-yu-ki*, que beaucoup de savants avaient considéré jusqu'ici comme la relation originale et personnelle de *Hiouen-thsang*, mais qui, ainsi qu'on va le voir par la notice du grand catalogue de la Bibliothèque de l'empereur *Khien-long*, a été rédigé par un écrivain distingué du nom de *Pien-ki*, à l'aide de nombreux documents traduits du sanscrit par l'illustre voyageur, et tirés, pour la plupart, d'ouvrages statistiques et historiques, tels qu'on pouvait les faire dans l'Inde, et qui n'existent plus aujourd'hui. C'est là ce qui a fait dire, à bon droit, par les éditeurs, que l'ouvrage était traduit des langues de l'Inde, quoique l'on ne puisse, en raison des détails de l'itinéraire que l'on rencontre à chaque page, le considérer comme la traduction littérale et continue d'un texte sanscrit.

Avant d'aborder la traduction du *Si-yu-ki*, je l'avais d'abord lu en entier, d'une manière suffisante pour en comprendre le sens général et en embrasser le contenu. Mais, à cette époque éloignée, j'ignorais la langue sanscrite, dont la connaissance m'était indispensable, soit pour transcrire les mots indiens, représentés phonétiquement, soit pour restituer ceux qui restaient cachés sous une forme chinoise, et dont l'auteur avait négligé d'indiquer la prononciation au moyen de signes dépourvus de leur signification habituelle, et destinés à suppléer un alphabet qui n'existe pas[1].

Après avoir consulté sans fruit plusieurs indianistes de mes confrères, je me vis dans la nécessité d'apprendre moi-même et tout exprès le sanscrit, du moins autant que j'en avais besoin pour atteindre le but que je me proposais. J'ai déjà énoncé ces faits, d'une manière plus complète, dans la préface de mon premier volume, et c'est uniquement en vue des personnes qui ne le posséderaient pas, que je crois devoir les rappeler sommairement.

Lorsque j'allais me remettre à l'œuvre, un peu mieux préparé qu'auparavant, je fus assez heureux pour obtenir de Russie, à titre de prêt, un ouvrage dont le titre abrégé est *Hiouen-thsang-tch'ouen*, ou *Histoire de Hiouen-thsang*[2], et qui renfermait sa biographie et le résumé de son voyage, augmenté d'une multitude d'épisodes et d'événements personnels, ainsi que de détails littéraires, neufs et pleins d'intérêt, qui manquaient dans le *Si-yu-ki*. Je pensai que si je commençais par l'ouvrage principal, renfermant la relation complète, je ne pourrais plus eu donner ensuite l'abrégé, qui, d'ailleurs, me semblait plus animé et plus attachant que la rédaction grave et sévère du *Si-yu-ki*, où, chose étrange, on ne voit apparaître qu'une seule fois la grande et imposante figure du voyageur. J'adoptai, en conséquence, pour inaugurer mon entreprise, l'ouvrage composé par *Hoeï-li* et complété par *Tsong-yun*, lesquels avaient été tous deux les disciples, et, plus tard, les collaborateurs de *Houen-thsang*, et je le publiai, en avril 1853, sous le titre de : *Histoire de la vie de Hiouen-thsang et de ses voyages dans l'Inde, entre les années 629 et 645*, etc.[3]. C'est la tête de la collection commencée, et à laquelle je donne, à partir d'aujourd'hui, un titre général qui en indique nettement l'objet et la portée. Le *Si-yu-ki*, dont j'offre aux lecteurs huit livres sur douze, en formera les deuxième et troisième volumes. J'ai même l'intention de le compléter par un quatrième volume, composé de documents d'un grand intérêt, qui se rattacheraient intimement au même sujet. Le troisième volume contiendra les quatre derniers livres du texte, des notes, trois index et les paradigmes des signes phonétiques. Je donne dès à présent une grande carte de l'Asie centrale et de l'Inde, rédigée par M. Vivien de Saint-Martin, pour l'intelligence des voyages de *Hiouen-thsang*.

Après l'achèvement du *Si-yu-ki*, je publierai les autres relations de voyages indiquées à la fin de la préface de mon premier volume. Je donnerai une plus grande étendue à ce Recueil, si je réussis à obtenir plusieurs autres voyages dont on trouve des extraits dans diverses encyclopédies récentes, et que je crois exister encore en Chine.

Le choix raisonné que j'avais fait, pour mon début, de l'*Histoire de la vie de Hiouen-thsang et de ses voyages dans l'Inde*, a été blâmé sans ménagements et sans égards dans une critique passionnée, par un sinologue russe[4] qui, malheureusement, avait un intérêt trop personnel dans la question pour être impartial et juste. Ce n'est pas tout. Lorsque j'ai traduit l'*Histoire de la vie et des voyages de Hiouen-thsang*, j'avais passé, en avertissant le lecteur, une multitude de rapports, de décrets, de lettres et de requêtes dont sont remplis les livres VI à X, par la raison que ces pièces, où règne constamment un style ampoulé et prétentieux, me paraissaient ne point contenir le moindre fait, ni la moindre observation propres à ajouter de nouvelles notions de quelque valeur sur l'histoire, la géographie, la littérature et les doctrines de l'Inde ancienne. J'ai relu depuis ces mêmes pièces, et j'en ai communiqué plusieurs à des juges compétents qui m'ont félicité sans réserve du parti que j'avais adopté.

L'omission volontaire de ces pièces est devenue un crime aux yeux de mon critique, et, pour s'en rendre compte, il ne craint pas d'avancer que j'avais dû les trouver inintelligibles (*unverständlich*). Il ajoute, pour justifier une telle conjecture (*eine solche Vermuthung*), qu'il n'ignore pas que « précisément de tels morceaux littéraires présentent le plus grand nombre de difficultés que puisse rencontrer un traducteur[5] ».

Pour montrer ce qu'on doit penser de cette imputation aussi injuste que malveillante, je donne ci-après le texte chinois et la traduction annotée de la Préface du *Si-yu-ki*, qui, soit pour les allusions historiques, soit pour l'emploi des métaphores et des termes techniques dont la signification manque dans tous les dictionnaires, offre infiniment plus de difficultés que les pièces que j'ai omises à bon escient, et qui peut être considérée comme un des morceaux les plus obscurs de la littérature chinoise, et, en particulier, comme un échantillon remarquable du style bouddhique le plus subtil et le plus raffiné.

Mais admettons un instant que j'aie omis les pièces en question par la seule raison qu'elles étaient inintelligibles (*unverständlich*) pour moi, je suis, ce semble, autorisé à dire (sans manquer aux égards qu'on doit même aux personnes notoirement hostiles) que ce philologue, si sévère pour autrui, qui est à peine connu en dehors de son pays, et dont les travaux, complaisamment annoncés par lui-même, ne donnent encore que de vagues espérances, n'avait pas le droit de parler bien haut. En effet, lorsqu'il s'est permis de censurer un confrère qui, loin de la Chine, avait constamment lutté, seul et sans le secours d'aucun lettré[6], contre les difficultés d'un des textes les plus ardus de la littérature chinoise, il ne s'est pas aperçu qu'on pouvait lui répondre que si, dans l'interprétation du Si-yu-ki, il n'avait jamais rencontré d'obstacles (comme il le dit avec une naïveté qui étonne), c'était uniquement grâce à l'assistance puissante et assidue d'hommes qui, dans un genre d'érudition qui lui manquait, sont les plus savants et les plus profonds qui existent au monde.

Mais si, comme on vient de le voir, la préférence momentanée que j'avais donnée à l'ouvrage de *Hoeï-li* et de *Tsong-yun*, m'a attiré des critiques peu mesurées auxquelles j'étais loin de m'attendre, elle a été non-seulement approuvée, mais encore hautement justifiée, par un membre de l'Institut[7], qui a publié dans le Journal des Savants un magnifique travail sur le Bouddhisme indien au VIIe siècle de notre ère, en puisant surtout dans l'*Histoire de la vie et des voyages de Hiouen-thsang* les riches matériaux de son Mémoire, remarquable à la fois par l'élégance du style, la profondeur des vues et la solidité de l'érudition. Le plaidoyer éloquent de mon savant confrère est trop honorable et trop flatteur pour que je le rapporte ici. Qu'il me suffise d'avoir opposé son approbation formelle, et d'une grande autorité, à des critiques dont j'ai assez indiqué l'origine et l'esprit.

Non contente de blâmer amèrement le choix que j'avais fait, la même personne a prétendu l'expliquer en insinuant que, si je n'avais pas commencé par la traduction du *Si-yu-ki*, c'était, sans doute, parce que les difficultés peu communes de ce texte chinois m'avaient forcé de renoncer à mon projet et de manquer à mes promesses (*seinem Unternehmen untreu zu werden*) !

Je réponds à mon critique, en publiant, du premier coup, les deux tiers du *Si-yu-ki*. La force de cet argument n'échappera à personne, si l'on veut bien remarquer que, sans avoir eu, comme lui, le secours de plusieurs *Lamas*, et sous l'impulsion d'un sentiment que sa censure n'a fait que raviver davantage, j'ai traduit, dans un espace de temps excessivement court[8], les cinq cent quatre-vingt-cinq pages in-4° dont se compose le *Si-yu-ki*. Les quatre derniers livres sont traduits depuis un an et paraîtront prochainement.

Ce n'est point que je conteste les difficultés du *Si-yu-ki* ; bien au contraire, je les trouve d'une telle gravité, que nul lettré chinois ne saurait les surmonter seul, s'il était, comme le plus grand nombre, de l'école de Confucius, et, par conséquent, hostile aux idées bouddhiques et étranger aux expressions obscures qui servent à les rendre. Sans parler des mots indiens, représentés par des signes phonétiques ou traduits en chinois[9], qu'il ne saurait rétablir en sanscrit correct, il rencontrerait presque autant d'énigmes dans une multitude de termes conventionnels dont le sens manque non-seulement dans les dictionnaires de Basile, Morrison et Medburst, mais encore dans tous ceux qui ont été composés pour les Chinois eux-mêmes, dans leur propre langue[10].

On me demandera naturellement : quel secours serait donc nécessaire pour entendre sans peine et sans erreur possible cette masse d'expressions difficiles, dont la connaissance usuelle de la langue chinoise ne saurait donner la clef ?

D'après ce que j'ai dit plus haut, on comprend qu'il faudrait un secours providentiel qui m'a manqué (et dont la privation sera ma meilleure excuse), le secours d'un ou de plusieurs docteurs bouddhistes, et, pour dire mieux, de *Lamas*, consommés dans l'intelligence des excentricités mystérieuses et souvent absurdes de la doctrine de Çakyamouni. Un autre a profité largement et sans peine de cette assistance inappréciable, mais il a oublié de faire un retour sur lui-même, et de se demander, la main sur la conscience, si, se trouvant à ma place, et dépourvu, comme je l'étais, des lumières de religieux bouddhistes, il aurait traduit, par jour, mille et même deux mille caractères (de cinq à dix pages in-4°) du *Si-yu-ki*, sans jamais rencontrer aucune difficulté, sans jamais commettre aucune erreur !

Je n'ai pas besoin d'insister davantage ; car, au point où est arrivé le débat, tout lecteur impartial peut prononcer en dernier ressort.

Après cette digression pénible, dont le soin de ma propre considération ne me permettait pas de m'affranchir, je reviens à la présente publication. J'ai peu de chose à dire du *Si-yu-ki* et des travaux dont il doit être l'objet de ma part, parce que j'ai déjà fait connaître, dans la préface de mon premier volume, 1° l'état de la question relative aux relations des voyageurs bouddhistes ; 2° le système que j'ai imaginé moi-même et mis en usage le premier, tant pour la transcription correcte des mots indiens exprimés phonétiquement, que pour la restitution de ceux qui n'étaient donnés qu'en chinois ; 3° l'itinéraire complet du voyageur, et, 4° enfin, les divers ouvrages et mémoires composés en chinois, qu'en 1853 je me proposais de publier, mais qui, par suite de l'agrandissement de mon cadre, seront suivis d'autres documents, et, peut-être, d'autres relations, que j'espère recevoir de la Chine au premier jour.

Afin de donner à la Carte de l'Asie centrale et de l'Inde toute l'utilité quelle doit avoir pour l'intelligence de l'ouvrage, et d'éclaircir les points difficiles que peut présenter l'itinéraire de *Hiouen-thsang*, M. Vivien de Saint-Martin (lauréat de l'Académie des Inscriptions et Belles-lettres) a composé un mémoire géographique d'une grande étendue, qu'il a bien voulu mettre à ma disposition pour qu'il fût publié à la fin du troisième volume, ou d'un quatrième volume, si l'abondance des matériaux m'obligeait d'aller jusque-là.

Je ne terminerai pas cet Avertissement, sans témoigner ma profonde reconnaissance à l'honorable Cour des Directeurs de la Compagnie des Indes, et au Comité des traductions orientales, qui, pleins de confiance dans les recommandations puissantes de l'illustre indianiste, M. H. H. Wilson, ont bien voulu concourir de la manière la plus gracieuse à la publication du présent ouvrage, en allégeant, par une souscription libérale, les frais d'impression et de gravure qui devaient rester à la charge du traducteur de *Hiouen-thsang*.

Il me reste un dernier devoir à.remplir, c'est d'annoncer, avec l'expression de la plus vive gratitude, que Son Excellence M. de Norow, ministre de l'Instruction publique en Russie, vient de me rendre un service littéraire des plus éminents, en daignant mettre à ma disposition une copie du *Mahâvyoutpatti*, sanscrit-thibétain-chinois-mongol (vaste Recueil de phrases et d'expressions tirées des livres bouddhiques), dont je pourrai profiter et faire profiter le public, toutes les fois qu'il s'agira de donner, avec autorité, les synonymies sinico-indiennes qui me paraîtront nécessaires, tant dans le second volume des *Mémoires de Hiouen-thsang*, que dans les publications du même genre que j'aurai l'occasion d'entreprendre à l'avenir.

1er octobre 1856.

1. ↑ J'ai recueilli jusqu'ici, pour mon usage, plus de douze cents signes phonétiques. Je me propose de les communiquer au public, d'abord dans l'ordre des prononciations chinoises, en les faisant suivre de leur valeur alphabétique, et ensuite avec tous leurs homophones, dans des paradigmes disposés suivant la méthode des Indiens.

2. ↑ Le titre complet est : *Ta-thse-ngen-sse-san-thang-fa-se-tch'ouen*, ou « Histoire du Maître de la loi, du couvent de la Grande Bienveillance, versé dans la connaissance des trois Recueits sacrés (Tripiṭaka) ».
3. ↑ Un volume in-8° de LXXXV et 472 pages. À Paris, chez B. Duprat, n° 7, rue du Cloître-Saint-Benoît, et chez A. Durand, n° 7, rue des Grès.
4. ↑ Voyez le *Bulletin de l'Académie des sciences de Saint-Pétersbourg*, année 1854, n° 22, p. 250 et suiv. ; voyez aussi *Bericht über die wissenschaftliche Thätigkeit des H. Prof. W***., von A. Schiefner*, 27 Januar-Februar 1854.
5. ↑ «… Weil es uns nicht unbekannt ist, dass gerade solche Stücke die meisten Schwierigkeiten, bei der Übersetzung, darbieten. »
6. ↑ On sait que les orientalistes qui ont l'avantage de résider dans l'Inde, ne se font pas faute (et je les trouve digne d'approbation et d'envie) de se faire aider par des pandits ou des brahmanes dans l'interprétation des textes sanscrits ; mais on ignore généralement que chaque sinologue d'Europe ou des États-Unis, établi en Chine, emploie habituellement, dans l'intérêt de ses études et de ses travaux, un ou plusieurs lettrés chinois, qu'on appelle *Sien-seng* « maîtres ». Nous en avons connu un à Paris, M. *Wang-khi-ye*, natif de Péking, que l'interprète du consul français à *Chang-haï* occupait à lui expliquer ou rédiger des pièces chinoises, moyennant un traitement annuel de 2, 000 francs. C'est avec le secours de ces savants indigènes, que Morrison père, et ses successeurs, ont composé leurs excellents dictionnaires et tous leurs travaux littéraires. Sir Francis Davis nous a appris qu'il avait fait corriger par son *Sien-seng* (son maître chinois) le texte du *Hao-khieou-tch'ouen*, qu'il a traduit et publié sous le titre de *The fortunate Union*, et que, sans l'aide de plusieurs lettrés fort habiles, il n'aurait pu comprendre les vers du drame *Lao-seng-eul (Au heir in his old age), dont nous lui devons la traduction. Cette déclaration fait honneur à la modestie et à la loyauté de Sir David. Je pourrais citer un ouvrage fort* étendu, qui, d'après l'aveu que m'en a fait le traducteur, lui avait été expliqué mot à mot par son *Sien-seng*, jusqu'à ce que les pages, accumulées jour par jour pendant un certain nombre d'années, lui eussent suffi pour achever son entreprise. Mais, il faut bien le dire, à la louange des sinologues établis en Chine, ces honorables orientalistes, tout en profitant, avec autant d'habileté que de bonheur des avantages de leur position, ont eu le bon esprit de ne jamais jeter la pierre à leurs confrères d'Europe qui en sont privés, et qui sont réduits à faire leurs livres eux-mêmes et sans le secours d'aucun lettré chinois. Bien plus, ils leur ont constamment rendu

justice, et ont souvent encouragé et récompensé leurs efforts par les éloges les plus flatteurs et les plus chaleureux.

7. ↑ M. Barthélémy Saint-Hilaire. Voyez le *Journal des savants* de mars, août, septembre, novembre 1855, février, mars, juin et juillet 1856.

8. ↑ Les six premiers livres ont été traduis du 15 septembre au 30 octobre 1854, et les six derniers du 1er septembre au 30 octobre 1855, ainsi que peuvent l'attester MM. Vivien de Saint-Martin et Barthélemy Saint-Hilaire, qui ont pris la peine, à ces deux époques, de lire l'un après l'autre ces douze livres, au fur et à mesure de leur achèvement. Pour cela faire, il m'a suffi de m'imposer et d'exécuter régulièrement, chaque jour, la tache de traduire cinq pages in-4°, renfermant ensemble mille caractères chinois. Quelquefois, je suis allé jusqu'à deux mille caractères.

J'aurais continué, à la fin de 1854, la traduction de la seconde partie, si, faute de pouvoir faire imprimer mon premier volume, je ne m'étais décidé à consacrer mon temps et mes soins à l'impression de l'ouvrage que j'ai fait paraître le 1er février 1856, sous te titre

de : *Histoire et Fabrication de la porcelaine chinoise*, etc. ; un volume in-8° de CXXIII et 320 pages, avec une carte de la géologie céramique de la Chine, et 14 planches relatives aux procédés de fabrication. À Paris, chez Mallet-Bachelier, n° 55, quai des Augustins.

9. ↑ Quel est le lettré chinois, qui, avec *Chi-thsin* (siècle — parent), saurait remonter à *Vasoubandhou* ; avec *Jou-i* (comme — pensée), à *Manôrhita* ; avec *Kiaï-ji* (bonne conduite — soleil), à *Çîlâditya* ? Voilà pour les mots traduits. Les mots phonétiques lui offriraient aussi des obstacles invincibles. Il lui serait, en effet, impossible de retrouver, par exemple, les Dharmagouptas dans *Than-wou-te*, les Sarvâstivâdas dans *Sa-po-l'o*, les Kâçyapyas dans *Kia-ye-i*, les Mahîçâsakas dans *Mi-cha-sai*, les Vâtsîpouttrîyas dans *P'o-tso-fou-lo*, etc.

10. ↑ Le meilleur moyen de donner une juste idée des difficultés dont il s'agit, est d'en citer un certain nombre, en faisant suivre le premier sens, de l'explication qu'en donnent les auteurs. Les exemples suivants sont tirés de l'Encyclopédie *Youen-kien-louï-hun*, liv. CCCXVI-CCCXVII.

嗨影 *Hoeï-ing* « obscur — ombre », entrer dans le Nirvâṇa (en parlant du Bouddha).

歸真 *Koueï-tchin* « revenir — pureté », même sens.

遷義趂世 *Thsien-i-youeï-chi* « transporter — figure — passer outre — siècle », même sens.

元門 *Youen-men* « origine — porte », pris pour 玄門 Hiouen-men « noire — porte », un couvent.

白法 *Pe-fa* « blanche — loi », et 元言 *Youen-yen* « origine — parole », pour 玄言 *Hiouen-yen* « noire — parole », l'étude de la méditation appelée Dhyânu.

蜂薹 *Fong-t'ai* « abeille — tour », la tour où le *Bouddha* lisait les livres sacrés.

<p.梵輪 *Fan-lun* « pure — roue », la région du *Bouddha*.

恒沙 *Heng-cha* « éternel — sable », le monde, le siècle.

元津 *Youen-tsin* « origine — gué », pour 玄津 *Hiouen-tsin* « profond — gué », la profondeur de la doctrine bouddhique.

龍言 *Long-in* « dragon — son », la voix du *Bouddha*.

火龍 *Ho-long* « feu — dragon », l'image ou la statue du *Bouddha*.

紺馬 *Kan-ma* « violet — cheval », le cheval du *Bouddha*.

金粟影 *Kin-so-ing* « or — millet — ombre », l'ombre du *Bouddha*.

妙薹 *Miao-t'aï* « excellente — tour », la sublimité de la doctrine du *Bouddha*.

方便門 *Fang-pien-men* « la porte des expédients », la doctrine du *Bouddha*.

1° 慧殿 *Hoei-tien* « intelligence — palais », même sens.

Les interprétations que je viens de donner sont tirées de l'Encyclopédie impériale intitulée *Youen-kien-louï-han* ; elles sont par conséquent » à l'abri de toute contestation. L'ouvrage de *Hiouen-thsang* fourmille d'expressions du même genre, que n'explique aucun dictionnaire chinois. J'aurais pu en rapporter un nombre considérable » si je n'avais craint de donner à cette note une étendue démesurée. Celles que je me borne à citer donneront une idée suffisante des difficultés du *Si-yu-ki*. Je citerai d'abord, entre parenthèses, le premier sens qu'offrent les dictionnaires ; je rapporterai ensuite celui qui résulte du contexte.

1° 聖 ji *Ching-tsi* (saints — vestiges) signifie à la fois les traces du Bouddha, les objets qui proviennent de lui (ses dents, ses cheveux, son balai, son vase, etc.), et des monuments sacrés, tels que des *Stoûpas*, des *Vihâras* :

2º 行道 *Hing-tao* (marcher — voie), tourner autour d'une personne ou d'un *Stoûpa*, en signe de respect ;

3º 取無餘 *Wou-ts'iu-yu* (prendre — sans — reste), entrer dans le *Nirvâna* complet, définitif ;

4º 相輪 *Siang-lun* (figure — roue), ou 輪相 *Lun-siang* (roue — figure), la coupole d'un *Stôupa* ;

5º 覆鉢 *Fo-po* (renversé — vase), même sens ;

6º 經行 *King-hing* (passer — marcher), se promener, spécialement pour faire de l'exercice.

Pour désigner des prodiges, des miracles, l'auteur se sert d'une multitude d'expressions étranges, telles que :

7º 靈鑑 *Ling-kien* (esprit — miroir). La même expression signifie aussi « intelligence merveilleuse » (liv. V, fol. 5 vº ligne 1) ;

靈應 *Ling-ing* (esprit — répondre) ;

神迹 *Chin-tsi* (esprit — vestiges) ;

奇迹 *Khi-tsi* (extraordinaires — traces) ; 神異 *Chi-i* (esprit — différent, ou extraordinaire).

Ajoutons, 8º 應眞 *Ing-tchin* (répondre — vrai) un *Arhat* ;

9º 得一道 *Te-i-tao* (obtenir — une — voie), arriver au premier degré de la sainteté, celui de *Srôtâpanna* ;

10º 五道 *Ou-tao* (cinq — voies), les cinq conditions où l'on peut renaître ;

11º 得果 *Te-ko* (obtenir — fruit), arriver au *Nirvâṇa* ; *item*, obtenir l'intelligence ;

12º 雞林 *Khi-lin* (coq — bois), le couvent du Pied-du-Coq, ou Koukkouṭa pâda sañghârâma ;

13º 旋繞 *Siouen-jiao* (tourner — entourer), tourner autour de quelqu'un en signe de respect ;

14º 流轉 *Lieou-tch'ouen* (couler — tourner), subir la loi de la transmigration ;

15º 冥鑒 *Ming-kien* (obscur — miroir), les effets secrets de la puissance divine ;

16º 證聖 *Tching-ching* (témoigner — saint), devenir *Bouddha* ;

17º 入檀捨 *Ji-than-che* (entrer — santal — donner), être employé en aumône. *Than-che* est un mot hybride, dont la première syllabe est l'abrégé du mot sanscrit *dâna* « don » ; *che* veut dire « donner » ;

18º 外義 *Waï-i* (dehors — justice), les idées des hérétiques. Le mot 義 *i* justice, veut dire quelquefois, comme ici, « sens, signification ». De plus, dans cette expression, 外 *waï* « dehors » est l'abréviation de 外道 *Waï-tao* hérétique ;

19º 靈基 *Ling-ki* (esprit — fondement), un *Stoûpa* ;

20º 堅固之林 *Kien-kou-tchi-lin* (le bois du ferme et du solide), le bois des arbres *sâlas*. Ici l'auteur a confondu *sâla* (l'arbre *shorea robusta*) avec *sâra* « solide » ;

21º 潛化 *Tsien-hoa* (passer à gué — transformer), entrer dans le *Nirvâna* ;

22º 驟移灰管 *Tseou-i-hoeï-kouan* (courir — déplacer — cendre — roseau), passer rapidement du froid au chaud, de l'hiver à l'été, c'est-à-dire au bout de quelques années.

Je m'arrête ici, bien convaincu que j'ai démontré assez clairement les difficultés lexicographiques des *Mémoires de Hiouen-thsang* (sans parler de celles que présentent les idées religieuses, les faits mythologiques et les mots indiens défigurés par la transcription), difficultés qu'on ne peut comprendre qu'à force de lire des textes et de comparer les passages où elles se trouvent, car, ainsi que je l'ai dit, on n'en saurait trouver la clef dans les dictionnaires destinés aux Européens, ni même dans ceux qui ont été composés pour l'usage des Chinois.

NOTICE BIBLIOGRAPHIQUE

SUR

LE SI-YU-KI[1].

大唐西域記十二卷|. *Ta-thang-si-yu-ki-chi-eul-kiouen*. — MÉMOIRES SUR LES CONTRÉES OCCIDENTALES, PUBLIÉS SOUS LA GRANDE DYNASTIE DES *THANG* ; douze livres[2].

Cet ouvrage a été traduit du sanscrit par 元奘 *Youen-thsang*[3], et rédigé par 辯機 *Pien-ki*, sous la dynastie des *Thang*. La vie de *Youen-thsang* se trouve dans la partie biographique des anciennes annales des *Thang*. *Tch'ao-king-wou* cite ce livre dans son ouvrage intitulé 讀書志 *To-chou-tchi*, et lui donne pour auteur *Youen-thsang* ; mais il ne fait point mention de *Pien-ki*. *Tching-tsiao*, dans son encyclopédie intilulée 通志 *Thong-tchi*, section *I-wen-lio*, écrit : « Mémoires sur les contrées occidentales, composés sous les grands *Thang*, par *Youen-thsang*, en douze livres » ; et ensuite : « Mémoires sur les contrées occidentales, composés par *Pien-ki*, en douze livres ». De cette manière, il en fait deux ouvrages distincts. Mais *Tchin-tchin-sun*, dans son ouvrage intitulé 書錄解題 *Chou-lou-kiaï-thi* « Explication des titres des livres des catalogues », écrit :

« Traduit du sanscrit, 譯 sous la grande dynastie des *Thang*, par *Youen-thsang*, Maître de la loi des *Trois Recueils* ; rédigé 撰 par *Pien-ki*, religieux du couvent *Ta-tsong-tchi* ». Ce titre est conforme à celui de la présente édition. Si l'on examine la préface de *Pien-ki*, placée (sous le titre de « *Ki-tsan* Éloge des Mémoires ») à la suite de cet ouvrage, on y voit, en résumé, que, dans la troisième année de la période *Tching-kouan* (629), le Maître de la loi, *Youen-thsang*, releva ses vêtements et se mit en route, prit son bâton de pèlerin et partit pour les contrées lointaines. À son retour, il alla visiter l'empereur à *Lo-yang*, et reçut avec respect un décret qui lui ordonnait de traduire 譯 des textes indiens, et qui chargeait *Pien-ki*, disciple du couvent *Ta-tsong-tchi*, de rédiger cette description géographique, 撰斯方志 ». On voit par là que le titre donné par *Tchin-tchin-sun* est parfaitement exact.

Jadis, sous les *Song*, 法顯 *Fa-hien* composa le 佛國記, *Fo-koue-ki*, ou « Mémoire sur les royaumes du Bouddha » ; ce livre est fort abrégé.

Les renseignements géographiques que donnent les annales des *Thang*, dans les notices sur les contrées occidentales, sont, comparativement, plus détaillées et plus complets. Parmi les royaumes que décrit notre ouvrage (le *Si-yu-ki*), il y en a beaucoup qui ne se trouvent point dans les annales des *Thang*. Cela vient de ce que l'historien officiel n'a mentionné que les États qui payaient le tribut à la Chine. Les pays décrits dans ce livre sont ceux qu'a parcourus *Youen-thsang*[4]. Le *To-chou-tchi* (de *Tch'ao-kong-wou*) nous apprend qu'il existait une préface écrite par *Youen-thsang*, mais elle manque dans l'édition actuelle. On voit seulement en tête une préface de 張說 *Tchang-choue*, président d'un ministère (*Chang-chou*), ministre de la gauche (*Tso-po-che*) et duc du royaume de *Yen* (*Yen-koue-hong*).

À la suite de l'ouvrage, on voit une préface composée par *Pien-ki* (et intitulée *Ki-tsan* « Éloge des Mémoires »).

Dans le texte du *Si-yu-ki*, on remarque au bas de certains passages, des annotations comme celles-ci : « En chinois, ce mot veut dire telle ou telle chose », ou bien « ce pays appartient à telle ou telle partie de l'Inde ». Je soupçonne que ce sont des notes originales[5]. On y trouve aussi des observations où l'on corrige (l'orthographe des) mots traduits[6]. Par exemple : « Anciennement, on écrivait ce mot de telle manière. Cette leçon est incorrecte[7] ». À la fin de chaque livre de l'ouvrage, on a ajouté le son et le sens (de certains mots)[8]. Je suis porté à croire que ces additions sont dues à quelque éditeur des siècles suivants.

Dans le livre XI, au milieu de la notice de *Seng-kia-lo* sur le royaume (Siñhala — Ceylan), on lit l'histoire de l'ambassade de l'eunuque *T'ching-ho*, que l'empereur de la Chine envoya au roi de ce royaume, nommé 阿烈苦奈兒 *'O-lie-k'ou-naï-eul*, dans la troisième année de la période *Yong-lo* des *Ming* (1405). Ce pays est le 錫蘭山 *Si-lan-chan* d'aujourd'hui, la montagne, c'est-à-dire, l'île actuelle de *Si-lan* (Ceylan), qui est précisément le royaume de 僧伽羅 *Seng-kia-lo* (Siñhala) des anciens. Les trois cent soixante et dix (lisez trois cent un) mots (depuis 大明 *Ta-ming* jusqu'à 祈福民庶作無量功德 *Khi-fou-ming-chou-tso-wou-liang-kong-te* « les hommes du peuple qui demandent le bonheur, font une infinité de bonnes œuvres ») ont été ajoutés (interpolés) par quelque éditeur. C'est donc par erreur que *Ou-chi*, qui a fait graver la présente édition, les a incorporés dans le texte original.

Parmi les cent trente-huit royaumes décrits (dans le *Si-yu-ki*), il en est un, celui de *Mo-kie-t'o* (Magadha), qui occupe les deux livres VII et IX. Ce royaume est le seul qui ait reçu de grands développements. On y rapporte beaucoup de faits relatifs aux causes et aux effets[9], puisés dans les livres de *Fo* (du *Bouddha*) ; pour les confirmer, on cite les lieux où ils se sont passés.

Tch'ao-kong-wou, dans son ouvrage intitulé *To-chou-tchi*, dit que *Youen-thsang* se rendit dans le 天竺 *Thien-tchou* (l'Inde) dans le but de chercher des livres bouddhiques, et qu'il prit de là occasion pour décrire les royaumes qu'il avait parcourus. Suivant lui, ce voyageur a présenté, dans un résumé substantiel, tous les renseignements propres à faire connaître les mœurs et coutumes, la forme des vêtements, l'étendue, grande ou médiocre, des royaumes, l'abondance ou la rareté des produits du sol. Mais comme nous n'avons pas examiné cet ouvrage dans tous ses détails, nous avons dû nous en rapporter au témoignage de *Tch'ao-kong-wou*.

Notre auguste empereur, après avoir ouvert les contrées du ciel d'occident et les avoir soumises à sa puissance, a publié l'ouvrage intitulé : 欽定西域圖志 *Khin-ting-si-yu-thou-tchi* « Description et cartes des contrées occidentales, édition impériale », dans lequel on a rectifié, l'un après l'autre, tous les récits que les générations précédentes ont puisés dans les livres ou dans le témoignage oral des hommes.

Le *Si-yu-ki* cite surabondamment des faits surnaturels et des prodiges qui ne méritent pas un examen sérieux, mais tout ce qui se rapporte aux montagnes, aux rivières et aux distances itinéraires, est susceptible d'être clairement vérifié. C'est pourquoi nous avons fait entrer ce livre dans notre catalogue, et nous l'avons conservé dans l'espoir qu'il pourra servir à compléter les études comparées des savants.

1. ↑ Extraite du grand catalogue de la Bibliothèque de l'empereur *Khien-long, Sse-kou-ts'iouen-chou-tsong-mo*, liv. LXXI, fol. 7.
2. ↑ Voici le titre complet de notre édition : 大唐西域記三藏法帥玄奘奉詔譯. 大總持寺沙門辯機撰. C'est-à-dire : « Mémoires sur les contrées occidentales, publiés sous les grands *Thang*, traduits du sanscrit, en vertu d'un décret impérial, par *Hiouen-thsung*, Maître de la

loi (la doctrine) des trois Recueils, et rédigés par *Pien-ki*, religieux du couvent *Ta-tsong-chi*.

3. ↑ Le nom du voyageur s'écrit ordinairement : 玄奘 *Hiouen-thsang*. Comme le petit nom de l'empereur était 玄 *Hiouen*, on a évité, par respect, l'emploi de ce mot, et on l'a remplacé par 元 *Youen*.
4. ↑ Les rédacteurs du Catalogue impérial ne s'expriment pas ici d'une manière tout à fait exacte ; car, depuis la publication de mon premier volume, il est parfaitement établi que, sur cent trente-huit royaumes, décrits dans le *Si-yu-ki*, *Hiouen-thsang* n'en a visité que cent dix. (Voy. tome I, Préface, page XXXVI, et Appendice, page 463.)
5. ↑ C'est-à-dire, des notes émanées de *Hiouen-thsang*, traducteur des extraits dont se compose la plus grande partie de l'ouvrage.
6. ↑ C'est-à-dire, l'orthographe des mots indiens figurés par des signes phonétiques, et dont la signification est donnée en chinois.
7. ↑ Les formes incorrectes de ces noms seront reproduites dans l'index, avec l'indication de leur orthographe exacte.
8. ↑ Dans notre édition, il n'y a que le premier livre qui soit terminé par cette espèce de supplément ; Les onze autres n'offrent que le titre : « Examen des incorrections ». Le reste de la page est vide.
9. ↑ C'est-à-dire, beaucoup de passages où l'on expose les actions de certains personnages célèbres et les résultats qu'elles ont produits.

PRÉFACE DU SI-YU-KI[1].

AVIS AU LECTEUR[2].

Un auteur chinois écrit rarement la préface de son ouvrage. Pour se dispenser de parler de lui-même, il aime mieux confier le soin de sa réputation à un ami dévoué, ou à un grand personnage dont l'estime lui est acquise d'avance et lui répond de celle du public. Mais, en général, ces sortes de préfaces ne nous apprennent presque rien de ce qui pourrait nous intéresser. Un Européen, qui aimerait à y trouver la vie intime de l'auteur, les principes qui ont présidé à la composition de son livre, et les sources où il a puisé, n'y voit souvent qu'un panégyrique ampoulé, plein de métaphores ambitieuses, d'allusions obscures, et de figures de langage qui ressemblent aussi peu au style ordinaire des livres que la nuit ressemble au jour. Le morceau qu'on va lire offre un *spécimen* bien caractérisé de ces éloges pompeux et vides, et présente, par conséquent, les plus grandes difficultés, non-seulement à un traducteur de l'Occident, mais encore à tout lettré chinois qui ne connaîtrait que les idées et la langue de l'école de Confucius.

J'ai traduit ce morceau aussi fidèlement que possible, sans me flatter de l'avoir compris d'un bout à l'autre. Je me suis efforcé de reproduire les expressions figurées ou d'une difficulté particulière, en me réservant de les expliquer de mon mieux dans des notes perpétuelles. Si je n'avais craint d'être aussi obscur que le texte chinois, j'en aurais constamment donné le sens littéral, sans ajouter les transitions et les sous-entendus nécessaires. Le lecteur se serait fait ainsi une juste idée des difficultés prodigieuses que de telles compositions présentent à un sinologue européen, qui n'a sous la main aucun dictionnaire où il puisse trouver le sens des mots, aucun docteur bouddhiste qui lui apprenne l'acception cachée et conventionnelle des expressions figurées. Si je publie ce morceau, quoiqu'il n'ajoute pas le moindre intérêt au *Si-yu-ki*, c'est uniquement pour que son omission ne donne pas lieu, de nouveau, à des suppositions malveillantes, et pour empêcher que les personnes, à qui ce pathos de mauvais goût est heureusement inconnu, ne s'imaginent que je les aurais privées, en supprimant cette préface, de la pièce la plus belle et la plus importante du *Si-yu-ki*. Pour venir à bout de ces logogriphes littéraires, il faudrait, comme ce sinologue russe, qui a résidé dix ans à Péking, avoir pu profiter (sans grand mérite, il est vrai) des lumières et presque de la collaboration de ces *Lamas*, qui ne peuvent rien ignorer des idées creuses, des tropes ambitieux et des expressions techniques qu'a inventés le pédantisme des écrivains bouddhistes.

L'introduction du *Si-yu-ki*, également composée par *Tchang-choue*, affiche les mêmes prétentions littéraires, et pèche, quoique à un moindre degré, par l'emphase et l'obscurité du style. Cependant, comme les idées et les faits qui y sont exposés me sont un peu plus familiers, j'ose garantir, avec une certaine assurance, l'exactitude de ma traduction.

Les notes perpétuelles, destinées à éclaircir les mots et les phrases de la préface, qui avaient besoin d'une courte explication ou d'un commentaire développé, réduiront à leur juste valeur les opinions tranchantes de l'orientaliste russe, qui était à la fois juge et partie dans la question. Elles montreront, en outre, aux personnes compétentes que si, dans la seconde partie de mon premier volume. J'ai passé, après en avoir averti le lecteur, les rapports, les lettres et les décrets dont elle abonde, ce n'était point, comme il l'a dit d'un ton malveillant, faute d'avoir pu tes comprendre, car aucun de ces morceaux n'était aussi difficile que la préface de *Tchang-choue*. J'ai dit mes raisons et je les justifierai sans peine. Si j'ai omis ces pièces ampoulées de rhétorique chinoise, où l'auteur s'est étudié à être obscur pour arriver au sublime du genre, c'était, je le répète, parce qu'elles ne contenaient aucun fait de quelque valeur qui fût propre à faire connaître la géographie de l'Inde, ou la littérature et les doctrines bouddhiques.

1. ↑ On a vu par la Notice bibliographique, que cette préface a pour auteur *Tchang-choue*.
2. ↑ Les personnes étrangères à l'étude du chinois ne considéreront sans doute, la traduction de cette préface et son commentaire, que comme un objet de curiosité philologique ; mais le traducteur espère que tous les sinologues, frappés de la situation que lui avait faite une critique inqualifiable, sauront en apprécier la valeur et la portée.

TEXTE CHINOIS DE LA PRÉFACE DU SI-YU-KI.

大唐西域記敍

尚書左僕射燕國公張
說製若夫玉毫流照。甘
露灑于大千。金鏡揚
暉。薰風被于有截。
故知示現三界。奧稱
天下之尊。光宅四
表。式標域中之大。
是以慧日淪影。像化
之跡東歸。帝猷宏
闡。大章之步西極。

有慈恩道場三藏法
師諱玄奘。俗姓陳
氏。其先潁川人也。
帝軒提象。控華渚而
開源。

TRADUCTION

DE LA PRÉFACE DU SI-YU-KI.

Jadis, les *poils de jade* firent *couler* leurs rayons (1), la douce rosée (2) humecta le *grand mille* (3), le *miroir d'or* (4) lança son éclat, et un vent parfumé se répandit sur (la terre) bien gouvernée (5). Par là, on reconnut qu'il s'était manifesté dans les *trois mondes* (6). Depuis les temps anciens, on l'a surnommé l'Honorable de l'univers (7). Il s'est établi avec éclat aux *quatre limites* (8), il a brillé, comme un modèle sublime, sur la vaste étendue de la terre. C'est pourquoi, *après que le soleil de l'Intelligence eut noyé son ombre* (9), les traces de la *doctrine des images* se dirigèrent vers l'Orient (10). Les grandes vues de l'empereur se sont répandues au

大舜賓門。基歷山而聳構。三恪照于姬載。六奇光于漢祀。書奏而承朗月。

遊道而聚星。縱壑駢鱗。培風齊翼。世濟美鬱爲胄。法師慶誕生。和降德。根深而茂。道源而靈長。開之歲。軒月舉。沙之年。

德駢齊之景籍合結荷浚奇霞聚蘭

loin, et ses lois imposantes (11) sont parvenues jusqu'aux extrémités de l'Occident (12).

On vit paraître, dans le couvent de la grande Bienveillance, un Maître de la loi des *trois Recueils* (13). On l'appelait *Hiouen-thsang* ; son nom séculier était *Tch'in-chi* (l'homme de la famille de *Tch'in*). Ses ancêtres étaient originaires de *Ing-tch'ouen* (14). L'empereur *Hien* (15) *éleva l'image* (16) ; il régna sur l'île fleurie (*Hoa-tchou*), et ouvrit *la source* (17).

Le grand *Chun* (reçut) *les hôtes aux portes* (18) ; il jeta sur le mont *Li-chan* les fondements d'un grand édifice (19). Les *trois Vénérables* (20) se distinguèrent dans les années de *Ki* (21). *Les six* (stratagèmes) *extraordinaires* (22) brillèrent sous les *Han*. L'un écrivit des rapports et *imita la lune brillante* (23) ; l'autre marcha dans la droite voie et rassembla des *astres* (24) *lumineux* (25). (On eût dit) des poissons qui se réunissent en foule au sein des eaux (26), ou des oiseaux portés

薰桂馥。泊乎成立。殫墳素。九皐載響。五府交辟。

以夫早悟眞假。夙照慈慧。鏡眞筌而延佇。顧生涯而永息。而朱紱紫纓誠有界網。寶車丹枕。寔津擯出世之途。由是

ensemble par un vent favorable (27). La beauté des services qu'ils rendirent au siècle, se concentra (28) et forma un illustre descendant. Grâce à ce bonheur (29), le Maître de la loi vint au monde, il était doué de douceur et de vertu. (Ces qualités avaient) de profondes racines ; leurs premiers germes se développèrent rapidement. La source de sa sagesse était profonde, et elle s'étendit d'une manière merveilleuse. Dans l'année où *s'ouvre l'impair* (30), c'était une vapeur rouge qui monte (31) et *une lune* qui s'élève, À l'âge où l'*on amasse du sable* (32), il avait l'odeur du cannellier et le parfum de l'*Epidendram* (33). Arrivé à l'âge adulte, il approfondit les *Fen* (34) et les *Sou* (35), Les *neuf îles* (36) retentirent de sa renommée, et les *cinq palais* (37) rappelèrent tous ensemble.

Comme il avait, de bonne heure, distingué le vrai du faux, et fait briller en lui la bonté et l'intelligence, il vit clairement la *vraie nasse* (38) et s'y arrêta

言令兄長捷法師釋門之棟幹者也。擅龍象于身世。挺鶖鷺於當年。朝野挹其中聲情道法請靡上檀

落塵滓。歸閑曠。長捷法師釋門之棟幹者也。擅龍象于身世。挺鶖鷺于當年。朝野挹其風猷。中外羨其聲彩。既而情深友愛。道睦天倫。法師服勤請益。分陰靡棄。業光首。擢秀檀

longtemps ; il considéra les bornes de la vie, et se calma (39) pour toujours. *Le ruban de soie rouge* (40) et *les cordons violets* (41) sont un brillant filet (42) qui nous retient dans le siècle ; mais le *char précieux* et l'*oreiller rouge* (43) sont *le gué et la route* pour échapper au monde. C'est pourquoi il repoussa loin de lui la *poussière et la lie* (44), et parla de se réfugier dans le calme de la retraite. Son noble frère aîné, le Maître de la loi, *Tch'ang-tsi*, était *la poutre et le tronc* de la porte de *Chi* (45). Il posséda (la vertu du) *dragon et de l'éléphant* (46) dans son propre siècle, et s'élança comme *la grue* et *le cormoran* (47) au-dessus de son époque. La cour et les champs vantèrent sa brillante renommée ; au dedans comme au dehors, on exalta l'éclat de sa réputation. Comme il était plein de bienveillance et d'affection, il chérit ses frères et fit régner la bonne harmonie dans *les relations du ciel* (48). Le Maître de la loi (Hiouen-thsang) étudia avec ardeur (49) et lui demanda des leçons (50) ; il ne

中蘭平部鼓俯小契芬策九夢津韋而德。騰抗。包吞。玄。四魯。林庸室道而杝

perdit pas un pouce de temps. Par ses études, il fît briller les têtes supérieures (51) et poussa des fleurs (fleurit) dans la forêt de Santal (52). Sa vertu fut d'accord avec le juste millieu : il (exhala et) fit monter des parfums dans la maison des Epidendrum. Il prit un fouet en main et se mit en route. Il embrassa les neuf sections (53) et avala Mong (54). Il agita ses rames dans le gué mystérieux (55) ; il abaissa ses regards sur les quatre Weï, et trouva Lou petit (56).

談涼成畢泰燭子發自玆徧遊肆。載移。功。能至于日月靈臺。。煥。矣矣初曜雲聲悅。既亦。。

Dès ce moment » il fréquenta toutes les salles de conférences (57), et passa du froid au chaud (58). Ses (nobles) travaux, une fois achevés, ses talents (et ses connaissances) se trouvèrent complets. On eut dît que le soleil et la lune de ta haute antiquité illuminaient la tour de l'intelligence (59). (Semblable à) Tseu-yan (60), avec son mouchoir de ceinture, il mît en lumière le palais de l'esprit (61). Alors les textes d'or (63) s'ouvrirent par degrés. Il adopta le char d'automne

揮神府。於
是金文啓。佇秋
而雲趨。玉柄纔揮。
披霧市而屬。若會
輪之旨。知拜瑟
之徵。

以瀉瓶之多聞。泛虛舟
而獨遠。迺于轅轅
之地。先摧鐵
腹之誇。并

于暫駕玉披波斲猶之

(63), et voyagea (avec la vitesse des) nuages. Il agita un instant le manche de jade (64), et dispersa le marché des brouillards (65) qui étaient amoncelés comme les flots (66). Il semblait comprendre les vues (habiles) du carrossier (67) et savait encore apprécier (l'harmonie) délicate du Se (68).

Possédant une riche instruction versée à grands seaux (69), il vogua sur un bateau vide et s'éloigna tout seul. Dans le pays de Hoan-youen, il brisa la jactance du ventre de fer (70). Dans le village de Ping-lo, il montra la merveille de la coupe flottante (71). Les hommes des pays éloignés, comme ceux des contrées voisines, le regardaient avec admiration. Aussi disaient-ils entre eux : « Jadis nous avons entendu parler des huit dragons (72) de la famille Sian ; aujourd'hui nous voyons que la porte (la maison) de Tch'in (possède) deux Ki (73). » C'est avec vérité qu'on a dit que les pays de Jou et de Ing ont produit des hommes extraordinaires (74).

絡之鄉。遽
表浮梧之
異。遠邇宗
挹。爲之語
曰。昔聞荀
氏八龍。今
見陳門雙
驥。汝潁多
奇士。誠哉
此言。法師
自幼迄長遊
心玄理名流
先達部執交
馳趨末忘本
摭華捐實遂
有南北異學
是非紛糾永

Le Maître de la loi, depuis sa jeunesse jusqu'à l'âge mur, voyagea en esprit dans les principes mystérieux (75) et son nom se répandit parmi les maîtres de la science (76). (À cette époque,) les écoles philosophiques luttaient ensemble ; on courait après l'accessoire et l'on oubliait le principal ; on cueillait le fruit et l'on jetait la fleur (77). Bientôt on vît surgir les systèmes différents du midi et du nord, et la vérité fut confondue avec l'erreur. Il (Hiouen-thsang) en parlait sans cesse et s'en tourmentait vivement. Craignant que les méprises des traducteurs des l'empêchassent de pénétrer complétement (la doctrine), il voulut approfondir les textes de l'éléphant parfumé (78) et épuiser la liste du palais des dragons (79).

Doué d'une vertu sans pareille, et favorisé par l'éclat d'un règne florissant, il prit le bâton de religieux, épousseta ses habits, et partit pour les pays lointains. Là-dessus, il laissa derrière lui les eaux

言于此良用
憮然或恐傳
譯蹄駁未能
筌究欲窮香
象之文將罄
龍宮之目。

以絕倫之德
屬會昌之期
杖錫拂衣第
如遐境于是
背玄灞而延
望指葱山而
矯迹川陸綿
長備嘗艱險
陋博望之非
遠嗤法顯之

azurées de (la rivière) Pa (80) et porta au loin ses regards ; puis il marcha tout droit vers les (monts) Tsong-ling. En suivant de grands fleuves et en traversant des plaines immenses, il fut exposé aux fatigues et aux dangers. Il fit peu de cas de Po-wang (81), qui n'avait pas été bien loin, et se moqua de la courte excursion de Fa-hien (82). Dans tous les pays qu'il parcourut, il étudia complètement les dialectes locaux ; il sonda les choses obscures et cachées, et pénétra subtilement jusqu'à la réunion du gué (83), Là-dessus, il répandit du jaune femelle (de l'orpiment) (84) sur les paroles, et fit voler la fleur dans le Thien-tchou (85). Quand les textes eurent été transportés sur des feuilles d'arbre (86), il revint dans le Tchin-tan (87).

L'empereur Thaï-tsong, surnommé Wen-hoang-ti, qui régnait (en faisant tourner) la roue d'or (88), et siégeait au faîte des honneurs sur un trône précieux, était impatient de voir cet homme

為局處鐫窮詞英貝旦
畢究幽賾會于發雌黃飛文律歸振

遊方妙津會雌黃竺葉聿

踐之言妙于是飛傳振旦

太宗文皇帝
金輪纂御寶
位居尊載佇
風徽召見青
蒲之上廼睠
通識前膝黃
屋之間

éminent (89). Il l'appela et l'admit près de lui sur le jonc vert (90) ; plein d'admiration pour son vaste savoir, il s'agenouilla devant lui (91) dans ta maison jaune (92).

Il écrivit de sa main des décrets pleins de sentiments affectueux ; les employés de l'intérieur se succédaient sur la route (93). Daignant épancher ses pensées lumineuses, il composa, sur la sainte doctrine des trois Recueils, une préface de sept cent quatre-vingts mots (94). L'empereur actuel (95), lorsqu'il était autrefois dans le palais du printemps (96), avait composé, en cinq cent soixante-dix-neuf mots, un mémoire sur le Saint (le Bouddha), dans lequel il ouvrait le gué (97) des choses subtiles et profondes, et répandait ses sentiments en louanges pompeuses. Or, si sa vertu n'avait pas brillé dans le bois du Coq (98), si ses louanges n'avaient pas retenti sur la montagne du Vautour (99), l'empereur aurait-il pu abaisser son

手詔綢繆中
使繼路俯摛
睿思乃製三
藏聖教序凡
七百八十言
今上昔在春
闡裁述聖記
凡五百七十
九言啟玄妙
之津書揄揚
之旨蓋非道
映鷄林譽光
鷲嶽豈能緬
降神藻以旌
時秀奉

詔翻譯梵本

élégance divine (100) pour exalter la fleur du temps (101) ?

En vertu d'un décret impérial, il traduisit six cent cinquante-sept ouvrages dont le texte était en langue Fan (102). Après avoir examiné, d'une manière complète, les mœurs différentes des contrées lointaines, les coutumes diverses des pays étrangers, les produits variés du sol et les classes distinctes des hommes, les régions où parvient le calendrier (103) et où pénètrent les instructions morales (104), il a composé, en douze livres, le Ta-thang-si-yu-ki, c'est-à-dire, les « Mémoires sur les contrées occidentales (publiés sous) les grands Thang ». Il a recueilli et rapporté les principes les plus profonds de la doctrine, et les a présentés dans un style clair et précis. C'est de lui qu'on peut dire qu'il a fait un ouvrage qui ne périra pas.

凡遇壤之序
七百五十
部具覽遐
方異俗絕
殊風土著
宜人備之
正朔所暨聲
教所單著大
唐西域記勒
成一十二卷
編錄典奧綜
覈明審立言
不朽其在茲
焉

NOTES SUR LA PRÉFACE CHINOISE DU SI-YU-KI.

(1) L'expression 玉毫 *Iu-hao* « poils de jade », dans le synonyme est 白毫 *Pe-hao* « poils blancs », désigne un des trente-deux signes qui caractérisent un grand homme, et que l'on reconnaît dans le *Bouddha*. Burnouf (*Lotus*, page 543) dit, suivant une des quatre listes de Ceylan : « Dans l'intervalle qui sépare ses sourcils, est poussé un cercle de poils blancs (en sanscrit, *ourṇa*), semblables à du coton doux. Ce cercle de poils joue, comme on sait, un rôle très-important dans les légendes et dans les *Soûtras* du nord. C'est de sa partie centrale que s'échappent les rayons miraculeux qui vont éclairer les mondes à de prodigieuses distances. Nous en avons un exemple au commencement du *Lotus de la bonne loi* : « En ce moment, il s'élança un rayon de lumière du cercle de poils qui croissaient dans l'intervalle des sourcils de Bhagavat. Ce rayon se dirigea vers les dix-huit mille terres de *Bouddha*, situées à l'orient, et toutes ces terres de *Bouddha*, jusqu'au grand enfer *Avîtchi* et jusqu'aux limites de l'existence, parurent entièrement illuminées par son éclat. » (Conf. *Vocab. pentaglotte*, liv. I, fol. 12 ; Dictionnaire *P'ing-tsen-louï-pien*, liv. LXVIII, fol. 14 ; *Peï-wen-yun-fou*, liv. XIX, fol. 5, et le *Lalita vistâra*, trad. par M. Foucaux, page 286).

(2) Dans les livres bouddhiques, les mots 甘露 *Kan-lou* « douce rosée », répondent à l'expression indienne *amṛĭta* « ambroisie ». Ainsi le roi 甘露飯王 *Kan lou-fan wang*, l'un des oncles du *Bouddha*, s'appelle, en sanscrit, *Amṛĭtòdanarâdja* « le roi dont le riz est de l'ambroisie ».

(3) 大千 *Ta-thsien* « le grand mille », c'est-à-dire, le grand millier de mondes, le grand *Chiliocosme* des Bouddhistes. Voyez Rémusat, *Mélanges posthumes*, page 94.

(4) L'expression *Kin-king* « miroir d'or », a plusieurs acceptions : 1° miroir d'or, ou orné d'or (*P'ing-tseu-louï-pien*, liv. LXII, fol. 8) 2° l'intelligence de la droite voie, la science du gouvernement (*ibid.*) ; 3° ces deux mots 金鏡 *Kin-king* désignent la lune lorsqu'elle paraît arrondie. *P'ing-tseu-louï-pien*, liv. LXVII, fol. 44 : la lune, au haut des arbres lointains, suspend son *miroir d'or*. *Ibid.*, liv. LXVI, fol. 18 : au haut du ciel, on distingue le *miroir d'or*. J'ai adopté ce dernier sens.

(5) En chinois, 于有截 *Iu-yeou-tsie*. Si l'on consulte les dictionnaires de Basile, Morrison, Gonçalvez, et même le dictionnaire impérial de *Khang-hi*, le mot à mot donnera : *dans — avoir — couper* ; ce qui n'a pas de sens. Mais, dans le livre des vers, on trouve 截 *tsie vulgo* « couper », avec la signification de « régler, mettre en ordre » : 九有有截 *Khieou-yeou-yeou-tsie* « les neuf provinces de l'empire sont bien gouvernées » ; en mandchou : *ouyoun ba gemon teksin ambi* (Conf. *Peï-wen-yun-fou*, liv. XCVIII, fol. 197, et *King-tsie-tsouan-kou*, liv. XCVIII, fol. 23.)

(6) Le *Bouddha* apparut dans le monde des désirs (*Kâmadhâtou*), le monde des formes (*Roûpadhâtou*), le monde sans formes (*Aroûpadhâtou*). Dictionnaire *San-thsang-fu-sou*, liv. XI, fol. 15.

(7) Littéralement : l'Honorable du *dessous du ciel*, expression qui veut dire ordinairement l'*empire*. L'expression la plus usitée est 世尊 *Chi-ts'un* « l'Honorable du siècle », en sanscrit, *Lôkudjyêṭcha* « le meilleur, le plus éminent du monde ».

(8) C'est-dire, il a porté l'éclat de sa gloire jusqu'aux quatre points cardinaux.

(9) 日影 *Ji-ing* « l'ombre du soleil » ; c'est la ligne d'ombre que projette, au soleil, l'aiguille d'un gnomon. Mais ici les mots 慧日淪影 *Hoeï-ji-lun-ing* (intelligence — soleil — noyer — ombre) signifient « le *Bouddha* est entré dans le *Nirvâṇa* ».

(10) C'est-à-dire, la doctrine bouddhique pénétra en Chine. L'auteur ne tient pas grand compte de l'exactitude historique, car il ne pouvait ignorer qu'il s'était écoulé plus de six cents ans depuis la mort du *Bouddha* jusqu'à l'introduction de sa doctrine en Chine.

Suivant le *Manuel des Çramaṇas*, fol. 29, le bouddhisme s'appelle 像敎 *Siang-jiao* (la doctrine des images ou des statues), parce qu'après le *Nirvâṇa* du *Bouddha*, on éleva des statues d'or du *Bouddha* pour instruire la multitude des hommes : 設金像以敎衆生.

(11) Suivant Morrison, 大章 *ta-tchang* signifie : « The great rules laid down by ancestors », et 皇章 *hoang-tchang* « imperial laws and regulations ». Cette phrase et la précédente forment un de ces parallélismes qui plaisent aux

Chinois, et où l'auteur répète à peu près les mêmes idées en termes différents.

L'expression 大章 *ta-tchang* se rencontre une fois dans l'histoire, pour un nom propre d'homme. On lit dans le *Ou-youeï-tch'un-thsieou* : « L'empereur *Yu* ordonna à *Ta-tchang* d'aller de l'est à l'ouest, et à *Jou-haï*, de traverser la Chine du midi au nord (*Peï-wen-yun-fou*, liv. XXII, A, fol. 126) ». Mais l'espèce de parallélisme dont j'ai parlé plus haut, détermine trop bien l'acception de *magnæ leges*, pour qu'on puisse voir, dans l'expression *ta-tchang*, le personnage en question. Ajoutons que *Ta-tchang*, qui vivait en l'an 2205 avant Jésus-Christ, ne saurait figurer ici sous l'empereur *Thaï-tsong*, dans une période de temps qui embrasse les années 627-648.

(12) C'est-à-dire : dans les contrées les plus éloignées à l'occident de la Chine et surtout dans l'Inde. L'empereur mentionné ici est *Thaï-tsong*, de la dynastie des *Thang*, dont le règne a duré de 627 à 649 de J. C.

(13) En sanscrit *Tripiṭaka* ; ils contiennent les *soûtras* (les livres sacrés), les *çâstras* (les traités philosophiques) et les *vinaya* (les règles de la discipline).

(14) *Ing-tch'ouen* répond aujourd'hui à *Yu-tcheou*, arrondissement dépendant du département de *Khaï-fong-fou*, dans la province de *Ho-nan* (*Li-taï-ti-li-tchi-yun-pien-kin-chi*, liv. VI, fol. 13.)

(15) 軒 *Hien* est l'abréviation de 軒轅 *Hien-youen*, surnom que reçut l'empereur *Hoang-ti* (2698-2599 avant J.

C.), parce qu'il avait demeuré sur une colline appelée *Hien-youen* (*Sse-ki*, liv. I, fol. 2). On voit que *Tchang-choue*, dont l'admiration ne connaît point de bornes, fait remonter jusqu'à *Houang-ti* la famille de *Tch'in*, d'où sortait *Hiouen-thsang*. De cette manière, et comme on le dit plus bas, il aurait compté parmi ses ancêtres l'empereur *Chun* (2255 ans avant J. C.), et un grand nombre d'illustres personnages des dynasties des *Tcheou* et des *Han*.

(16) Voici un des passages les plus difficiles de la préface. Pour le bien comprendre, il faut connaître l'acception rare des mots 提像 *t'i-siang* « élever l'image », qu'on écrit aussi, comme dans notre texte, 提象 *t'i-siang*, expression qui, à la première vue, paraîtrait signifier « élever en haut un éléphant », si l'on ne savait que 象 *siang* (*vulgo* éléphant) se prend souvent pour 像 *siang* « image ».

Les Chinois ont beaucoup d'expressions élégantes pour dire *régner, gouverner* ; par exemple : 1º 操斗極 *Thsao-teou-ki* « tenir, dans sa main, l'extrémité du boisseau (les étoiles de l'extrémité de la constellation *Pe-teou* — la Grande Ourse) » ; 2º 把鈎陳 *Pa-keou-tch'in* « tenir les (six) étoiles *Keou-tch'in* (de l'*Ursa Minor*) » ; 3º 振機 *Tchin-ki* « faire mouvoir les ressorts » ; 4º 握機 *Ouo-ki* « tenir les ressorts » ; 5º 執象 *Tchi-siang* « tenir l'image » (*vulgo* éléphant — tenir en main les lois). Cf. *Sse-wen-yu-sie*, liv. VIII, fol. 8 et 9. Ajoutons notre expression 提象 ou 提像 *T'i-siang* « élever en haut l'image (les lois) », c'est-à-dire : « gouverner à l'aide des lois ». Cette expression se trouve, avec le même sens, dans l'édition des treize livres canoniques (*Chi-san-king-tchou-sou*, liv. XLVIII, fol. 5), à l'occasion d'un passage du *Tso-tch'ouen*. On lit dans les anciennes annales des *Thang* (Mém. sur les Rites) : « l'empereur en tenant en main les lois », littéralement « en élevant l'image » 提像 « supplée à l'œuvre des dieux et gouverne toutes choses » 代神功而理物 *Taï-chin-kong-eul-li-wou*.

Les Chinois emploient souvent deux expressions synonymes pour rendre la même idée. Par exemple : 唐提像握機 *Thang-t'i-siang-ouo-ki* « l'empereur des *Thang* élève l'image (a le maniement des lois) et tient les ressorts (de l'administration). C'est pourquoi il s'associe à l'élément de la terre et dirige le gouvernail (de l'état) ». *Peï-wen-yun-fou*, liv. LII, fol. 15.

(17) Je passe à la seconde partie de la phrase : 控華渚而開源 (*Khong-hao-tchou-eul-khaï-youen*, littéralement : « gouverna *Hao-tchou* et ouvrit la source ». Pour bien comprendre ce passage, il faut connaître l'histoire de *Chao-hao*, fils de *Hoang-ti*, que sa mère conçut, dit une légende, d'une manière miraculeuse, après avoir vu un météore semblable à un arc-en-ciel, qui tombait sur l'île appelée *Hoa-tchou*. (Voyez *Fong-tcheou-kang-kien*, liv. I, fol. 28.) Voici, d'après le *Sse-ki*, le même fait un peu plus développé. La mère de *Chao-hao* s'appelait *Niu-tsie*. Sous le règne de *Hoang-ti*, il y eut une grande étoile (sic), de la forme d'une arc-en-ciel, qui descendit sur *Hoa-tchou*. *Niu-tsie* rêva

qu'elle la recevait. Elle éprouva une vive émotion, et mit au monde *Chao-hao*.

Hoa-tchou était une île du royaume de *Hoa-siu*, où *Fo-hi* avait établi sa cour. (*I-sse*, liv. III, fol. 1.)

Il *ouvrit la source* (de la famille de *Tch-in*, c'est-à-dire de *Hiouen-thsang*).

(18) Il y a, en chinois : 大舜賓門 *Ta-chun-p'in-men*, mot à mot : « grand — *Chun* — hôte — porte », phrase inintelligible si l'on ne connaissait le passage du *Chun-tien* (le second chapitre du *Chou-king*), où il est dit, suivant les commentaires, que *Chun* recevait, comme des hôtes, les princes feudataires, aux portes du palais qui correspondaient aux quatre côtés de l'empire. Le mot 賓 *p'in* « hôte » ici un sens verbal et signifie « recevoir un hôte » ; en mandchou : *boïgodsilaboumbi*.

Chun, l'un des ancêtres de *Hiouen-thsang*, descendait de *Hoang-ti* à la huitième génération.

(19) En chinois : 基釐山而聳構 *Ki-li-chan-eul-tsong-keou*, mot à mot : « fondement — *Li-chan* — et — haut — poser un toit ». Nous dirions en français : « il jeta sur le mont *Li-chan* les fondements de sa grandeur ». On sait que *Chun* demeurait sur le mont *Li-chan*, et qu'il était occupé à y labourer la terre, lorsque *Yao* l'envoya chercher pour l'appeler à l'empire.

(20) Par 三恪 *San-ko*, « les trois (classes d'hommes) vénérables », on entend les descendants des empereurs *Chun*, *Yu* et *Tching-thang* (*Peï-wen-yun-fou*, liv. XCIX, B,

fol. 167.) Ces personnages, et ceux des trois phrases suivantes, étaient des ancêtres de *Hiouen-thsang*, mais l'auteur se garde bien de les désigner nettement ; il craindrait de manquer son but, qui est constamment de mettre à l'épreuve l'érudition ou la sagacité des lecteurs.

(21) C'est-à-dire, sous le règne des *Tcheou*, dont le nom de famille était 姬 *Ki*. Il eût été plus simple de dire les *Tcheou* ; mais la phrase eût été trop claire. C'est d'après le même principe que, plus bas, au lieu d'employer les mots 年 *nien* et 歲 *souï* pour dire « année », on s'est servi des mots 載 *tsaï* « contenir » et 祀 *sse* « sacrifice », qui se prennent, quoique rarement, dans le sens de « année ».

(22) En chinois, il n'y a que 六奇 *lou-khi* « six — extraordinaires ». J'avais pensé d'abord qu'il s'agissait ici de six personnages d'un mérite extraordinaire. Des recherches persévérantes m'ont conduit à un grand nombre de passages où l'expression *lou-khi* « six — extraordinaires » désigne uniquement les six merveilleux stratagèmes de guerre que *Tch'in-p'ing* présenta au premier empereur des *Han* (l'an 193 avant J. C.), et à l'aide desquels ce dernier soumit tous les princes feudataires qui se partageaient l'empire. (Cf. *P'ing-tseu-louï-pien*, liv. C, fol. 35, et *Peï-wen-yun-fou*, liv. XXIII, A, fol. 40.) On se demanderait à bon droit quel rôle peuvent jouer ces six stratagèmes dans la généalogie de Hiouen-thsang, si l'on ne savait d'avance que Tch'in-p'ing, qui en était l'auteur, était un des ancêtres de notre voyageur. Tchang-choue paraît supposer qu'il suffit de citer les deux mots lou-khi « six —

extraordinaires », pour qu'on devine immédiatement le nom de Tch'in-p'ing et ses six stratagèmes, qui sont le trait le plus saillant de sa biographie.

(23) Tch'in-kie, surnommé Tchang-wen, et un grand nombre d'autres lettrés ou hommes d'État, se sont distingués par leurs rapports élégants et lumineux (Youen-kien-louï-han, liv. CXCVII, fol. 18) ; mais quoique j'aie lu la valeur de plusieurs volumes en parcourant les grandes biographies Sing-chi-tso-pou et Wan-sing-tong-pou, ainsi que la collection des rapports officiels {Li-taï-tseou-i), il m'a été impossible de trouver le personnage de la famille Tch'in, qui, à cause de la clarté de ses rapports, fut surnommé Lang-youeï « lune brillante ».

Le mot 承 tching a le sens de « succéder à » (en mandchou, sirame) et de « suivre et imiter » (en mandchou dakhame, doursouleme).

(25) C'est-à-dire : par l'influence de sa vertu, on vit apparaître une multitude d'étoiles d'heureux augure. Dans ce passage, écrit à mots couverts, comme les trois précédents, l'auteur a eu en vue Tch'in-chi, surnommé Tchong-kong, qui s'était rendu célèbre par sa vertu. Un soir, il alla avec ses deux fils et ses petits-fils dans la maison de Sioun-chou, pour conférer ensemble sur des questions de morale et de philosophie. Cette nuit-là, on vit paraître une multitude d'étoiles brillantes. Le lendemain, l'historien officiel présenta à l'empereur un rapport où il disait : « Dans un espace de cinq cents li, il a paru une multitude d'étoiles brillantes. Cela annonce qu'on verra réunis un

grand nombre de sages. » Tchong-kong fit construire une salle qu'il appela 德星堂 Te-sing-thang « la salle des étoiles brillantes » (ouldengge ousikha). Il y a en chinois 德星 Te-sing (littéralement : « vertu — étoiles »). J'ai traduit « astres lumineux », parce que tel est le sens de 景星 King-sing, qu'on donne comme synonyme de 德星 Te-sing.

(25) Pour lier cette phrase aux précédentes, il est nécessaire d'ajouter : : « La famille de *Tch'in* produit une multitude d'hommes éminents ». (On eût dit), etc.

(26) Il y a, en chinois : 縱壑駢鱗 Tsong-ho-p'ing-lin lâcher — vallée (où il y a de l'eau) associer — écailles ».

(27) Cette phrase, comme la précédente, ne pourrait être traduite clairement d'une manière littérale. Le texte dit seulement : 培風齊翼 aider — vent — disposer en ordre — ailes ».

Cette double comparaison, tirée des poissons et des oiseaux, s'emploie souvent pour féliciter l'empereur de ce qu'il a trouvé des hommes d'un grand mérite ou d'une vertu distinguée : 朝有得賢之頌. S'il était permis d'en faire ici l'application, elle signifierait (au figuré) que la famille de *Tch'in* avait fourni aux empereurs un grand nombre de fonctionnaires d'un mérite éminent, qui se trouvaient à la cour dans leur élément, comme les poissons dans l'eau et les oiseaux dans l'air. (Cf. *Peï-wen-yu-fou*, liv. XCIX, B, fol. 13.)

(28) L'auteur du *Hao-khieou-tch'ouen* dit, à peu près dans le même sens, que l'essence la plus pure des

montagnes et des rivières se concentra pour former *Thie-kong-tseu*, le héros du roman.

(29) C'est-à-dire : grâce à ces heureuses influences. Je remarque une faute dans le texte : 籍 *tsi* « livre, registre », au lieu de 藉 *thsie* « profiter de ».

(30) Il y a ici une curieuse observation à faire. Quand les écrivains chinois veulent exprimer l'âge d'une personne, ils se contentent, en général, d'indiquer les habitudes, les occupations, les qualités qui leur paraissent caractériser l'époque de la vie qu'ils ont en vue. Voici, par exemple, six locutions usitées dans le style relevé, et qu'on a tirées du chapitre II du Lun-yu : 1º 志學之年 *Tchi-hio-tchi-nien*, « l'année où l'on s'applique à l'étude (quinze ans) » ; 2º 自立之年 *Tseu-li-tchi-nien* « l'année où l'on s'est fermement posé, où l'esprit est devenu solide, inébranlable (trente ans) » ; 3º 不惑之年 Page:Xuanzang, Julien - Mémoires sur les contrées occidentales, tome 1.djvu/58 Page:Xuanzang, Julien - Mémoires sur les contrées occidentales, tome 1.djvu/59 Page:Xuanzang, Julien - Mémoires sur les contrées occidentales, tome 1.djvu/60 Page:Xuanzang, Julien - Mémoires sur les contrées occidentales, tome 1.djvu/61 Page:Xuanzang, Julien - Mémoires sur les contrées occidentales, tome 1.djvu/62 Page:Xuanzang, Julien - Mémoires sur les contrées occidentales, tome 1.djvu/63 Page:Xuanzang, Julien - Mémoires sur les contrées occidentales, tome 1.djvu/64 Page:Xuanzang, Julien - Mémoires sur les contrées occidentales, tome 1.djvu/65 Page:Xuanzang, Julien - Mémoires sur les

contrées occidentales, tome 1.djvu/66 Page:Xuanzang, Julien - Mémoires sur les contrées occidentales, tome 1.djvu/67 Page:Xuanzang, Julien - Mémoires sur les contrées occidentales, tome 1.djvu/68 Page:Xuanzang, Julien - Mémoires sur les contrées occidentales, tome 1.djvu/69 Page:Xuanzang, Julien - Mémoires sur les contrées occidentales, tome 1.djvu/70 Page:Xuanzang, Julien - Mémoires sur les contrées occidentales, tome 1.djvu/71 Page:Xuanzang, Julien - Mémoires sur les contrées occidentales, tome 1.djvu/72 Page:Xuanzang, Julien - Mémoires sur les contrées occidentales, tome 1.djvu/73 Page:Xuanzang, Julien - Mémoires sur les contrées occidentales, tome 1.djvu/74 Page:Xuanzang, Julien - Mémoires sur les contrées occidentales, tome 1.djvu/75 Page:Xuanzang, Julien - Mémoires sur les contrées occidentales, tome 1.djvu/76

INTRODUCTION AU SI-YU-KI[1].

Si l'on parcourt, l'un après l'autre, les plans politiques des (trois) augustes[2] souverains ; si, remontant dans l'antiquité, on examine l'histoire des (cinq) Empereurs[3], à l'époque où *P'ao-hi* (Fo-hi) commença à régner[4] et *Hien-youen* (Hoang-ti) à laisser retomber ses vêtements[5], ou voit par quels moyens ils gouvernaient le peuple et traçaient les limites de toutes les parties de l'empire.

Lorsque *Yao*, de la famille *Thang*, reçut le *mouvement du ciel* (le pouvoir suprême), sa gloire s'étendit jusqu'aux quatre limites (de l'empire) ; quand *Chun*, de la famille *Yu*, eut reçu la carte de la terre (c'est-à-dire, de ses domaines), sa vertu se répandit dans les neuf contrées[6]. Depuis cette époque jusqu'à nos jours, c'est en vain qu'on consulte les annales où sont consignés les événements, que l'on écoute les opinions émanées des anciens sages, que l'on interroge les historiens qui recueillaient les paroles mémorables. Il en est bien autrement lorsqu'on vit sous une dynastie vertueuse et qu'on est soumis à un prince qui pratique le *non-agir*[7]. Notre grande dynastie des *Thang* gouverne à l'instar du ciel ; profitant des circonstances, elle tient dans sa main les rênes de l'État[8]. Elle a réduit à l'unité les six parties du monde[9], et s'est établie avec éclat. Elle règne d'une manière brillante, à l'égal[10] des trois augustes souverains. Les influences mystérieuses (de sa vertu) se répandent rapidement ; ses instructions salutaires[11] retentissent dans les pays éloignés ; elle ressemble au Ciel et à la Terre qui couvrent et soutiennent (les hommes) ; elle est pareille au vent qui agite et à la pluie qui humecte. Les barbares de l'orient lui apportent leur tribut, et ceux de l'ouest sont rangés sous ses lois. En fondant sa puissance, et en transmettant l'empire, elle a apaisé les troubles et a ramené la paix[12]. Par là, elle l'emporte certainement sur les anciens rois ; elle résume en elle-même les générations précédentes. Les peuples qui parlent la même langue sont réunis sous le même sceptre. Si les effets merveilleux de cette administration sublime n'étaient point consignés dans l'histoire, comment pourrait-on célébrer dignement les grandes vues (de l'empereur) ? Si on ne les publiait pas avec éclat, comment pourrait-on mettre en lumière un règne aussi florissant ?

Hiouen-thsang, partout où il a porté ses pas, a décrit la nature des différents climats. Quoiqu'il n'ait pas (toujours) examiné les pays et distingué les mœurs, il mérite une entière confiance. Notre empereur l'emporte sur les cinq (rois) et efface les trois (augustes souverains) ; toutes les créatures vivantes éprouvent ses bienfaits ; les êtres qui savent parler, proclament tous ses grandes œuvres. Depuis le département du ciel (depuis la capitale), jusqu'aux (cinq)

Indes, les peuples de mœurs différentes qui habitent des contrées sauvages, les nations étrangères qu'une immense distance sépare de nous, ont tous reçu le calendrier[13] ; tous sont pénétrés de ses instructions bienfaisantes ; tous glorifient ses magnifiques victoires, et la splendeur de ses vertus, qu'ils exaltent sans cesse, est le principal objet de leurs louanges pompeuses. Tous ces faits sont racontés en détail dans les annales. Jusqu'à présent, le monde n'avait rien entendu de semblable. Je pense que, dans les livres de généalogie, on ne trouverait pas son pareil. Si l'on ne prenait soin de raconter ces faits, comment pourrait-on rappeler les heureux effets de sa vertu ? Aujourd'hui, on va raconter dans ce livre des faits basés sur le témoignage des oreilles et des yeux.

Le monde *So-ho*[14] (Sahalôkadhâtou) et les trois mille grands *Chiliocosmes*, ont été convertis par l'unique *Bouddha*. Maintenant, les quatre mondes qu'éclairent le soleil et la lune, sont situés au centre des trois mille grands *Chiliocosmes* ; tous les *Bouddhas*, tous les Honorables du siècles, y répandent l'influence de leurs vertus. Tantôt ils apparaissent, tantôt ils s'éteignent ; ils conduisent les saints et dirigent le peuple.

Le mont *Sou-mi-lou* (Soumêrou) est formé de quatre choses précieuses ; il est situé au milieu d'une grande mer et s'appuie sur une roue d'or. Autour de lui, le soleil et la lune accomplissent leurs révolutions ; les *Dêvas* s'y promènent et y demeurent. Sept montagnes s'élèvent et sept mers se déploient tout autour. L'eau des mers qui coulent entre ces montagnes, possèdent huit vertus. En dehors des sept montagnes d'or se trouve une mer salée. En résumé, on compte, au milieu des mers, quatre îles habitables : à l'est, l'île de *Pi-t'i-ho* (Vidêha ou Poûrvavidêha) ; au midi, l'île de *Tchen-pou* (Djamboudvîpa) ; à l'ouest, l'île de *K'iu-t'o-ni* (Gôdhanya) ; au nord, l'île de *Keou-lou* (Outtarakourou).

Dans l'origine, un roi à la roue d'or avait étendu l'influence (de ses lois) sur les quatre continents. Après lui, un roi à la roue d'argent régna sur les trois continents de l'est, du sud et de l'ouest ; puis, un roi à la roue de cuivre gouverna les deux continents de l'est et du midi ; enfin, un roi à la roue de fer ne posséda que le continent du sud, savoir, le *Djamboudvîpa*[15].

Lorsqu'un de ces rois *Tchakravartins* devait monter sur le trône, une grande roue précieuse, dont la matière était en rapport avec les effets de sa vertu, se balançait dans les airs et descendait vers lui. La différence de l'or, de l'argent, du cuivre et du fer, était due à l'influence diverse de leur mérite. L'étendue de leurs domaines offrait une différence analogue, et allait en décroissant de quatre à trois, à deux et à un[16]. Chaque roi tirait son surnom du premier présage qui lui était apparu[17].

L'île de *Tchen-pou* (Djamboudvîpa) a pour point central le lac *'O-na-p'o-ta-to* (Anavatapta), qui est situé au midi du mont *Hiang-chan* (Gandhamâdana), et au nord des grandes montagnes neigeuses (Himavat). Il a huit cents li de tour. L'or, l'argent, le *Lieou-li* (Vâidoûryya — lapis-lazuli), le *Po-Tchi* (Sphaṭika — cristal) embellissent ses rives. Ses eaux roulent des sables d'or, et sont pures et claires comme un miroir. Les *Pou-sa* (Bôdhisattvas) du grand univers, par l'énergie de leurs désirs, se sont transformés en rois des dragons (Nâgarâdjas), et y ont établi leur séjour. Ils en font sortir des eaux pures et fraîches, et les distribuent dans le *Tchen-pou-tcheou* (Djamboudvîpa). De là vient que, du côté oriental du lac, de la bouche d'un bœuf d'argent, sort le fleuve *King-kia* (le Gange). Il fait une fois le tour du lac et va se jeter dans le mer du sud-est.

Au midi du lac, de la bouche d'un éléphant d'or, sort le fleuve *Sin-tou* (le Sindh — Indus). Il fait une fois le tour du lac, et va se jeter dans la mer du sud-ouest.

À l'occident du lac, de la bouche d'un cheval de *Lieou-li* (Vâidoûryya — lapis-lazuli), sort le fleuve *Po-tsou* (Vatch — Oxus). Il fait une fois le tour du lac et se jette dans la mer du nord-ouest.

Au nord du lac, de la bouche d'un lion de *Po-tchi* (Sphaṭika — cristal), sort le fleuve *Si-to* (Sîta) ; il fait une fois le tour du lac et se jette dans la mer du nord-est. Suivant quelques auteurs, il s'enfonce dans la terre et sort du mont *Tsi-chi-chan*. Le courant du fleuve *Si-to* (Sîta) donne naissance au fleuve (Jaune) du royaume du milieu.

À l'époque où il n'y avait point de roi *Tchakravarllî* possédant le gouvernement (universel), le *Tchen-pou* (Djamboudvîpa) était partagé entre quatre maîtres.

Au midi, c'était le maître des éléphants (Gadjapati). Le pays est chaud et humide, il convient aux éléphants.

À l'ouest, c'était le maître des choses précieuses[18]. Le pays est voisin de la mer, et fournit beaucoup de choses précieuses.

Au nord, c'était le maître des cheveux (Açvapati). Le pays est froid ; il convient aux chevaux.

À l'est, c'était le roi des hommes (Narapati). Le climat est doux et la population est très-nombreuse. C'est pourquoi, dans le royaume du *maître des éléphants*, les hommes sont vifs et bouillants et se livrent à l'étude avec ardeur. Ils s'appliquent particulièrement aux sciences occultes. Ils portent un bonnet posé en travers, et montrent à nu leur bras droit ; ils conservent une crête de cheveux au milieu de la tête, et laissent retomber les autres de tous côtés. Ils habitent dans des villes, et leurs maisons ont plusieurs étages.

Dans le pays du *maître des choses précieuses*, les habitants n'observent ni la justice, ni les rites ; ils font le plus grand cas des richesses ; leurs vêtements sont courts, et ils en rejettent les pans du côté gauche. Ils coupent leurs cheveux et portent de longues moustaches. Ils habitent des villes murées, et montrent une avidité excessive pour le lucre.

Dans le pays du *maître des chevaux*, les hommes sont d'un naturel violent et féroce ; ils sont insensibles à la pitié et tuent leurs semblables. Ils habitent des tentes de feutre, changent de place aussi souvent que les oiseaux, et mènent la vie de pasteurs.

Dans le pays du *maître des hommes,* les habitants se distinguent par leur intelligence, leur humanité et leur justice. Ils portent un bonnet et une ceinture, et rejettent à droite les pans de leur vêtement[19]. La forme des chars et des vêtements est en rapport avec la différence des rangs. Ils tiennent au sol et n'émigrent qu'avec peine. Chaque profession est classée à part.

Chez les peuples de trois de ces maîtres, le côté oriental est regardé comme supérieur aux autres. C'est pourquoi, dans leurs habitations, ils ouvrent la porte du côté de l'orient. Quand le soleil se lève, ils se tournent vers l'orient pour le saluer.

Dans le pays du *maître des hommes,* le côté du midi est considéré comme le plus honorable. Tel est le résumé des mœurs et coutumes des différents pays. Quant aux rites qui s'observent entre le prince et les sujets, entre les supérieurs et les inférieurs, et pour ce qui regarde les lois et la culture des lettres, nul pays ne l'emporte sur celui du *maître des hommes.* Les instructions qui ont pour objet d'épurer le cœur et de le dégager des liens du monde, et les doctrines qui apprennent à se délivrer de la vie et de la mort (c'est-à-dire, à échapper à la loi de la transmigration), brillent surtout dans le royaume du *maître des éléphants.* Toutes ces choses ont été exposées dans les livres sacrés et dans les décrets royaux. Il (le voyageur) a interrogé les indigènes, il a recherché avec soin les choses anciennes et modernes, et a examiné en détail les faits qui s'appuyaient sur le témoignage des oreilles et des yeux. Le *Bouddha* est né en occident, et sa loi s'est répandue comme un fleuve dans le royaume de l'est (en Chine). Les traducteurs peuvent se tromper sur les sons (la prononciation) ; les expressions locales peuvent être mal interprétées. Si le son d'un mot est faux, on perd sa signification ; si une expression est erronée, elle blesse la raison. C'est pourquoi il est indispensable de bien déterminer les noms. Or, les hommes diffèrent entre eux par la force ou la faiblesse de leur nature, de sorte que leurs paroles et leur prononciation ne se ressemblent point. Cela tient à l'influence du climat, ou provient de la force des habitudes. Pour ce qui regarde les différences qu'offrent les montagnes, les rivières et les produits du sol, les mœurs et les caractères, dans le pays du *maître des hommes*, les annales du royaume en offrent l'exposition détaillée. Les mœurs du pays du *maître des chevaux* et du *maître des choses précieuses*, sont fidèlement décrites dans les histoires et les proclamations royales, de sorte qu'il est possible d'en donner le résumé. Quant au royaume du *maître des éléphants* (l'Inde), on ne connaît pas son histoire ancienne. Suivant quelques auteurs, le pays est en général humide et chaud ; d'autres rapportent que les habitants sont doux et humains. Ces faits étant consignés dans des descriptions locales, il n'a pas été possible de les citer tous d'une manière complète. Cela vient-il de ce que la droite voie tantôt se répand, tantôt reste cachée, ou bien est-ce le résultat des révolutions des siècles ? On voit par là que les peuples observent le temps pour faire leur soumission, et qu'après avoir reçu les bienfaits (de l'empereur), ils viennent lui offrir leurs hommages. Il est difficile de faire connaître toutes les nations qui, à travers mille obstacles, sont venues se prosterner devant la porte de jade[20], et celles qui, en offrant les produits rares de leur pays, ont salué avec respect la porte rouge. C'est pourquoi, après avoir voyagé au loin pour chercher la loi, dans les moments de loisir que lui laissaient ses études, il a décrit les climats. À partir des montagnes noires, on ne rencontre que des mœurs sauvages. Quoique les peuples barbares aient été réunis ensemble, cependant leurs différentes races ont été nettement distinguées, et les limites de chaque pays ont été tracées avec soin. En général, ils sont sédentaires. Ils bâtissent des villes et se livrent à l'agriculture et à l'élève du bétail. Ils sont naturellement portés à estimer les richesses, et font peu de cas de l'humanité et de la justice. Dans les mariages, ils n'observent point les rites et ne mettent point les nobles et le bas peuple à leur place respective. Ce sont les paroles des femmes qu'on suit ; les hommes sont placés au-dessous d'elles. Si quelqu'un meurt, on brûle son corps ; la durée du deuil est indéterminée. Ils se font des incisions sur la figure et se mutilent les oreilles. Ils coupent leurs cheveux et déchirent leurs vêtements ; ils immolent des animaux et les sacrifient aux âmes des morts. Dans les circonstances heureuses (dans les mariages), ils s'habillent de blanc ; dans les circonstances malheureuses (dans le deuil), ils portent des vêtements noirs.

Les mœurs semblables et les coutumes analogues ont été exposées ensemble d'une manière abrégée. Les différences que présentaient l'administration et les lois, ont été décrites séparément dans la notice de chaque pays. Les mœurs et les coutumes de l'Inde proprement dite ont été dépeintes dans le récit qu'on va lire.

Après avoir quitté l'ancienne contrée de *Kao-tch'ang* (le royaume des Oïgours), *Hiouen-thsang* a commencé son voyage en se transportant au pays le plus voisin, qui s'appelait *Yen-ki* (Kharachar).

1. ↑ Suivant les éditeurs du *Pien-i-tien* (liv, XLIV, fol. 37), cette Introduction a été composée par *Tchang-choue*, auteur de la préface du *Si-yu-ki*.
2. ↑ On dit, en chinois, *San-hoang* (les trois *Augustes*, les trois *Vénérables*), pour désigner trois empereurs célèbres de la haute antiquité, qui, suivant *Kong-g'an koue*, étaient *Fo-hi, Chin-nong* et *Hoang-ti*. Les livres qu'on leur attribue (les *San-fen*) sont perdus, et ceux qu'on donne comme tels sont apocryphes.
3. ↑ Suivant *Hoang-fou-mi*, qui vivait sous les *Tsin*, les cinq *Ti* « empereurs » étaient : *Chao-hao, Tchouen-hio, Kao-sin, Yao* et *Chun*. L'histoire des cinq empereurs s'appelait *Ou-ti-pen-ki* ; elle est citée dans l'Encyclopédie intitulée *Chin-i-tien*. (Conf. Goupil, *Chou-king*, p. 346.) Cet ouvrage est considéré comme apocryphe.
4. ↑ Il y a, en chinois, 出震 *Tch'on-shin* « faire sortir dans Tchin », expression qui n'a pas de sens en français. Les mêmes mots se trouvent dans le *I-king*, et le P. Regis (tome II, page 570) les traduit par : « (Imperator) » prodiit, seu manifestavit omnia movendo in *Tchin*. Glose : Res omnes prodiere primum in *Tchin*, id est in plagâ orientali. » Dans notre passage, l'expression *Tch'ou-tchin* s'applique à la manière dont régnait *Fo-hi*, à qui le *I-king* attribuer une sorte de puissance créatrice. 震 *Tchin* est un caractère symbolique qui répond à 木 *Mou* « bois », l'un des cinq éléments des Chinois (Dictionnaire *King-tsi-tsouan-kou*, liv. LXXI, fol. 2). On lit dans le *Sse-ki*, Histoire des trois vénérables souverains : « *Thaï-hao* (*Fo-hi*) régna par la vertu du *bois* ; il présidait aux règlements du printemps ; voilà pourquoi le *I-king* dit que cet empereur *faisait sortir dans Tchin*, c'est-à-dire que, pour régner, il tirait son énergie et ses plans secrets de *Tchin* (de l'élément du bois) » (*sic*). Voyez *I-king-thi-tchou-ta-ts'iouen*, liv. IV, fol. 3.

5. ↑ C'est-à-dire à gouverner, pour ainsi dire, *les bras croisés*, et sans avoir besoin de s'occuper des soins de l'administration.
6. ↑ C'est-à-dire, les neuf arrondissements entre lesquels la Chine était partagée à cette époque.
7. ↑ C'est-à-dire, qui soumet tous les peuples, sans aucun effort, et par l'influence seule de sa vertu.
8. ↑ Il y a, en chinois, il tient la corde principale du filet.
9. ↑ En chinois, 六合 *Lou-ho* « les six réunions », c'est-à-dire, les quatre points cardinaux, le zénith et le nadir. L'auteur veut dire que l'empereur a réuni sous son sceptre unique toutes les parties de l'univers.
10. ↑ Littéralement : *quatre — trois augustes*, c'est à dire, il fait le quatrième après les trois augustes souverains de l'antiquité.
11. ↑ Littéralement : les vents d'heureux augure ventilent au loin.
12. ↑ Allusion aux troubles des dernières années des *Souï*, auxquels succédèrent les *Thang*. Voyez le premier volume, pages 3-4.
13. ↑ C'est-à-dire, obéissent aux lois de l'empire.
14. ↑ Le monde des êtres patients. Voy. Burnoif, *Introd.* p. 594.
15. ↑ Le texte chinois qui répond à cet alinéa étant en contradiction avec le passage que j'explique dans la note 2, j'ai dû, pour rétablir la concordance, suivre le Dictionnaire *Ching-kiao-fa-sou*, liv. IV, fol. 24.
16. ↑ Il y a, en chinois : domaines, certes — de 4, 3, 2, 1, la différence. J'ai été obligé de développer la pensée de l'auteur, qui manquait de clarté. Il veut dire que, suivant le degré de leur vertu, ces rois possédèrent, le premier, quatre des continents précités ; le deuxième, trois ; le troisième, deux ; le quatrième, un seul.
17. ↑ C'est-à-dire, de la nature de la roue qui était descendue du ciel et qui avait été le premier présage de son règne.
18. ↑ Le mot sanscrit correspondant est *Tchhatrapati* « le roi des parasols ». Lassen. *Indisch. Alterthümskunde*, tome II, page 28.
19. ↑ Ce qui, suivant les idées des Chinois, est la marque des peuples civilisés.
20. ↑ Les expressions « porte de jade » et « porte rouge » désignent également la porte du palais impérial.

MÉMOIRES DE HIOUEN-THSANG.

LIVRE PREMIER.

ROYAUME DE 'O-KI-Nl.

(AKNI OU AGNI.)

Le royaume de *'O-ki-ni*[1] a environ six cents li de l'est à l'ouest et quatre cents li du sud au nord. La capitale a de six à sept li de tour. De quatre (c'est-à-dire de tous) côtés, il s'appuie sur des montagnes ; les routes sont dangereuses et faciles à défendre. Une multitude de courants, qui viennent se joindre ensemble, l'entourent comme une ceinture. On amène leurs eaux pour arroser les champs. La nature du sol est favorable au millet rouge, au blé tardif, au jujubes odorantes, aux raisins, aux poires et aux prunes. Le climat est doux et tempéré ; les mœurs sont droites et honnêtes. L'écriture est empruntée à l'Inde et n'a éprouvé que peu de modifications[2]. Les vêtements sont faits de coton ou de laine ; les habitants coupent leurs cheveux ras et ne portent pas de bonnet. Dans le commerce, ils font usage de monnaies d'or et d'argent et de petites pièces de cuivre. Le roi est originaire de ce royaume. Il a du courage, mais peu de talents militaires ; il aime à se vanter. Ce royaume ne possède point de code ; l'ordre et la paix se maintiennent sans le secours des lois. Il y a une dizaine de couvents où l'on compte environ deux mille religieux de l'école *Chouei-tsie-yeou-pou* (ou des Sarvâstivâdas), qui se rattache au *petit Véhicule*. La doctrine des livres sacrés et les règles de la discipline étant précisément celles des Indiens, c'est dans leurs livres mêmes que les étudiants les apprennent. Les religieux s'acquittent de leurs devoirs et observent les règles de la discipline avec une pureté sévère et un zèle persévérant. Ils se nourrissent de trois sortes[3] d'aliments purs, et s'attachent surtout à la *doctrine graduelle*[4].

En partant de ce pays, il fit environ deux cents li au sud-ouest, franchit une petite montagne, et passa deux grands fleuves. À l'ouest, il rencontra une vallée unie. Après avoir fait environ sept cents li. il arriva au royaume de *K'iu-tchi*[5].

ROYAUME DE K'IU-TCHI.

Le royaume de *K'iu-tchi* (Koutche) a environ mille li de l'est à l'ouest, et environ six cents li du midi au nord. La circonférence de la capitale est de dix-sept à dix-huit li. Le sol est favorable au millet rouge et au froment. Il produit, en outre, du riz de l'espèce appelée *Keng-t'ao*[6], des raisins, des grenades, et une grande quantité de poires, de prunes, de pêches et d'amandes. On y trouve des mines d'or, de cuivre, de fer, de plomb[7] et d'étain. Le climat est doux ; les mœurs sont pures et honnêtes ; l'écriture a été empruntée à l'Inde, mais avec quelques modifications. Les musiciens de ce pays effacent ceux des autres royaumes par leur talent sur la flûte et la guitare. Les habitants s'habillent d'étoffes de soie brochée ou de laine grossière. Ils coupent leurs cheveux ras et portent des bonnets. Dans le commerce, ils font usage de monnaies d'or et d'argent et de petites pièces de cuivre. Le roi actuel est de la race de *K'iu-tchi*[8]. Il a peu de prudence et de capacité, et se laisse dominer par des ministres puissants. Ordinairement, lorsqu'un enfant vient au monde, on lui aplatit la tête en la pressant avec une planchette[9].

Il y a une centaine de couvents où l'on compte environ cinq mille religieux de l'école *Choue-i-tsie-yeou-pou* (ou des Sarvâstivâdas), qui se rattache au *petit Véhicule*. Ils ont emprunté à l'Inde les instructions sacrées et les règles de la discipline, et les lisent dans les textes originaux. Ils estiment surtout la *doctrine graduelle* et se nourrissent des *trois aliments purs*[10]. Ils tiennent une conduite chaste et sévère, et se livrent, à l'envi, à la pratique des œuvres méritoires.

Au nord d'une ville qui est située sur les frontières orientales du royaume, il y avait jadis, devant un temple des dieux, un grand lac de dragons (*Nâgahrada*). Les dragons se métamorphosèrent et s'accouplèrent avec des juments. Elles mirent bas des poulains qui tenaient de la nature du dragon. Ils étaient méchants, emportés et difficiles à dompter ; mais les rejetons de ces poulains-dragons devinrent doux et dociles. C'est pourquoi ce royaume produit un grand nombre d'excellents chevaux. Si l'on consulte les anciennes descriptions de ce pays, on y lit ce qui suit : « Dans ces derniers temps, il y avait un roi surnommé *Fleur d'or,* qui montrait, dans ses lois, une rare pénétration. Il sut toucher les dragons et les atteler à son char. Quand il voulait se rendre invisible, il frappait leurs oreilles avec son fouet et disparaissait subitement. Depuis cette époque, jusqu'à ce jour, la ville ne possède point de puits, de sorte que les habitants vont prendre dans le lac l'eau dont ils ont besoin. Les dragons s'étant métamorphosés en hommes, s'unirent avec des femmes du pays, et ils en eurent des enfants forts et courageux, qui pouvaient atteindre, à la course, les chevaux les plus agiles. Ces relations s'étant étendues peu à peu, tous les hommes appartinrent bientôt à la race des dragons ; mais, fiers de leur force, ils se livraient à la violence et méprisaient les ordres du roi. Alors le roi, ayant appelé à son aide les *Tou-kioue* (Turcs), massacra tous les habitants de cette ville, depuis les enfants jusqu'aux vieillards, et n'y laissa pas un homme vivant. Maintenant, la ville est complètement déserte, et l'on n'y aperçoit nulle habitation. » À environ quarante li au nord de cette ville, sur les flancs de deux montagnes voisines que sépare une rivière, il y a deux couvents qu'on appelle également *Tchao-hou-li* et qu'on distingue par leur position à l'est et à l'ouest. (Dans chacun de ces couvents), on voit une statue du *Bouddha,* richement ornée, et dont l'exécution surpasse l'art des hommes. Les religieux ont des mœurs pures et sévères, et montrent un zèle infatigable. Dans la salle du *Bouddha* du couvent oriental de *Tchao-hou-li*, il y a une pierre de jade qui est large d'environ deux pieds et dont la couleur est d'un blanc jaunâtre ; elle a la forme d'une grande coquille marine. Sur sa face supérieure, on voit la trace du pied du *Bouddha* ; elle est longue de dix-huit pouces[11] et large d'environ huit pouces. Chaque jour de jeûne[12], elle répand une lumière éclatante.

En dehors de la porte occidentale de la capitale, on voit s'élever, à droite et à gauche de la route, deux statues du *Bouddha*, hautes chacune d'environ quatre-vingt-dix pieds. Devant ces statues, on a établi une place pour les grandes assemblées qui se tiennent une fois tous les cinq ans[13]. Chaque année, au milieu de l'automne, pendant plusieurs dizaines de jours, les religieux de tous les royaumes viennent en cet endroit et s'y rassemblent. Depuis le roi jusqu'aux hommes du peuple, tout le monde quitte ses affaires, et observe fidèlement le jeûne et l'abstinence. Ils reçoivent les instructions sacrées, et entendent l'explication de la *loi*. Ils passent ainsi des jours entiers sans songer à la fatigue.

Dans tous les couvents, on pare richement la statue du *Bouddha*, on l'orne de pierres précieuses, on la couvre de vêtements de brocart, et on la promène sur un char. Cela s'appelle *faire marcher la statue*. Les religieux, réunis par milliers, se rendent en foule au lieu de l'assemblée.

Ordinairement, le quinzième et le dernier jour de la lune, le roi et ses ministres délibèrent sur les affaires de l'état; ils consultent des religieux éminents et publient ensuite leurs décisions.

Au nord-ouest du lieu de l'assemblée, on passe un fleuve et l'on arrive au couvent *'O-che-li-ni*[14] (Açalini ? sañghârâma), dont les salles sont hautes et spacieuses. La statue du *Bouddha* est travaillée avec art et richement parée ; les religieux ont un maintien grave et respectueux, et s'acquittent de leurs devoirs avec un zèle infatigable. Tous sont des vieillards d'une vertu consommée, qui possèdent de vastes connaissances et des talents supérieurs. Les hommes les plus distingués des pays lointains, qu'attire leur mérite, se rendent à ce couvent et y fixent leur séjour. Le roi et ses ministres, les magistrats et les hommes puissants, les honorent en leur faisant les quatre offrandes. Le respect qu'on leur témoigne s'augmente de jour en jour.

Si l'on consulte les anciennes descriptions de ce pays, on y lit ce qui suit : « Jadis, le premier roi de ce royaume révérait les *trois Précieux*. Il voulut, un jour, voyager dans le monde pour voir et adorer les monuments sacrés. Il ordonna alors à son frère cadet du côté maternel de rester pour diriger à sa place les affaires du royaume.

« Dès que le frère cadet du roi eut reçu cet ordre, il se coupa lui-même les testicules pour prévenir tout soupçon, et les renferma dans une boîte d'or, soigneusement scellée, qu'il alla porter au roi.

« Le roi lui dit : « Que signifie ceci ? »

« Il répondit : « Ce n'est qu'au retour de Votre Majesté que cette boîte devra être ouverte. » Le roi la remit à son intendant qui en confia la garde aux soldats de la suite. Quand le roi fut revenu de son voyage, il y eut des artisans de malheur qui lui dirent : « Celui que Votre Majesté avait chargé de veiller sur les affaires du royaume a porté le désordre et la débauche dans le palais central[15]. » Le roi fui transporté de colère, et voulut lui faire subir un cruel supplice.

« Le frère cadet : « Je n'oserais fuir le châtiment ; mais je prie le roi d'ouvrir la boîte d'or. » Le roi l'ouvrit aussitôt et reconnut qu'elle contenait deux testicules que le fer avait retranchés. Le roi s'écria : « Quels sont ces objets extraordinaires ? Que voulez-vous me réveler par là ? » Il répondit : « Autrefois, lorsque le roi voulut voyager par le monde, il m'ordonna de rester pour gouverner à sa place le royaume. Craignant d'être en butte à la calomnie, je me suis coupé ces organes virils, pour me justifier d'avance. Maintenant, vous avez la preuve de mon innocence. Je désire que le roi daigne abaisser sur moi ses yeux éclairés. » Le roi fut pénétré pour lui de respect et d'admiration, et lui voua une affection qui ne fit que s'accroître de jour en jour. Il lui permit de fréquenter librement le palais intérieur[16].

« Dans la suite, le frère cadet du roi rencontra sur sa route un homme qui conduisait cinq cents taureaux et qui voulait leur faire subir la castration. Le prince réfléchit en lui-même ; il compara son état au sort qui les menaçait, et s'intéressa vivement à eux. « Maintenant, dit-il, mon corps se trouve mutilé ; n'est-ce point à cause des péchés de ma vie antérieure ? » Aussitôt, il employa ses richesses et ses bijoux pour racheter cette troupe de taureaux. Par la vertu de sa tendre pitié, peu à peu ses organes virils revinrent complétement, et, pour ce motif, il cessa de fréquenter le palais intérieur[17].

« Le roi fut rempli d'admiration et lui demanda la cause d'un tel changement. Après avoir appris tous les détails de son aventure, le roi regarda ce fait comme un prodige[18]. Il bâtit aussitôt un couvent pour honorer sa belle conduite et transmettre sa réputation aux siècles futurs. »

Après avoir quitté ce pays, il fit environ six cents li à l'ouest, traversa un petit désert sablonneux et arriva au royaume de *Pa-lou-kia*.

ROYAUME DE PA-LOU-KIA.

Le royaume de *Pa-lou-kia* (Bâloukâ ?) a six cents li de l'est à l'ouest, et trois cents li du midi au nord. La capitale a cinq ou six li de tour. Pour ce qui regarde les produits du sol, le climat, le caractère des hommes, les coutumes et le système d'écriture, ce pays ressemble au royaume de *K'iu-tchi* (aujourd'hui Koutche), mais il en diffère un peu par le langage. Il produit du coton et de la laine d'une finesse remarquable, qu'estiment beaucoup les royaumes voisins.

Il y a quelques dizaines de couvents, où l'on compte environ mille religieux de l'école *Choue-i-tsie-yeou* (ou des Sarvâstivâdas), qui se rattache au *petit Véhicule*.

Après avoir fait environ trois cents li au nord-ouest de ce royaume, il traversa un désert pierreux, et arriva à une montagne de glace[19], qui est située au nord des monts *Tsong-ling*[20]. Les eaux des plateaux coulent en général vers l'est. Les montagnes et les vallées sont couvertes de monceaux de neige ; on y voit de la glace au printemps et en été. Quoiqu'elle fonde de temps à autre, elle ne tarde pas à se reformer de nouveau. Les chemins que l'on traverse sont difficiles et dangereux ; un vent froid souffle avec violence, et l'on est souvent en butte à la férocité des dragons (*sic*) qui attaquent les voyageurs. Ceux qui suivent cette route ne doivent pas porter des vêtements rouges ou des calebasses, ni appeler à grands cris. Pour peu qu'on oublie cette précaution, on voit éclater les plus grands malheurs. Un vent violent s'élève tout à coup, fait voler des tourbillons de sable, et répand une pluie de pierres qui engloutissent les voyageurs. Il est bien difficile d'échapper à la mort. Après avoir fait environ quatre cents li à travers les montagnes, il arriva à un grand lac appelé *Thsing-tchi*[21]. Il a environ mille li de tour. Il est allongé de l'est à l'ouest, et resserré du sud au nord. De tous côtés, il est entouré de montagnes ; une multitude de rivières viennent s'y jeter et s'y confondre. La couleur de l'eau est d'un noir verdâtre, et sa saveur est à la fois salée et amère. Tantôt ses vastes flots s'étendent en nappes immenses, tantôt ils s'enflent et roulent avec impétuosité. Les dragons et les poissons y habitent ensemble, et, de temps en temps, on en voit surgir des monstres extraordinaires. C'est pourquoi les voyageurs qui vont et viennent, adressent des prières (au Ciel) pour obtenir le bonheur. Quoique les hôtes du lac soient fort nombreux, personne n'ose les pêcher.

Après avoir fait environ cinq cents li au nord-ouest du lac *Thsing-tchi*, il arriva à la ville de la rivière *Sou-ye*[22]. Cette ville a de six à sept li de tour ; c'est le rendez-vous des marchands des divers royaumes.

Le sol est favorable au millet rouge, au froment et aux raisins ; les arbres des forêts y sont clair-semés. Comme le climat est froid et qu'il y règne un vent glacial, les habitants portent des vêtements de laine feutrée.

À l'ouest de *Sou-ye*, on voit quelques dizaines de villes isolées. Dans chaque ville, on a établi des chefs, qui sont indépendants les uns des autres ; mais ils sont tous soumis aux *Tou-kioue* (Turcs). Depuis la ville de la rivière *Sou-ye*, jusqu'au royaume de *Kie-choang-na* (Kaçanna), le pays s'appelle *Sou-li*, et les habitants portent le même nom. Cette dénomination s'applique aussi à l'écriture et au langage. Les formes radicales des signes graphiques sont peu nombreuses ; elles se réduisent à trente-deux lettres, qui, en se combinant ensemble, ont, peu à peu, donné naissance à un grand nombre de mots. Les habitants possèdent à peine quelques mémoires historiques. Ils en lisent les textes de haut en bas, et se transmettent mutuellement l'intelligence des livres ; de cette manière, l'enseignement littéraire se continue sans interruption. Ils portent des habits de coton, de laine et de peau, qui sont étroits et serrés. Ils réunissent leurs cheveux et laissent découvert le sommet de leur tête ;

quelquefois même ils les rasent complètement. Ils enveloppent leur front avec une pièce de soie. Ils ont une haute stature, mais leur caractère est mou et pusillanime. La fourberie et le mensonge dominent dans leurs mœurs, et la plupart d'entre eux se livrent au dol et à la fraude. En général, ils sont d'une cupidité extrême. Le père et le fils ne rêvent que le lucre ; les plus opulents sont les plus honorés ; mais rien ne distingue le riche du pauvre. Lors même qu'un homme possède une fortune immense, il porte de vieux habits et se nourrit d'aliments grossiers. La moitié de la population cultive les champs, et l'autre se livre au négoce.

Après avoir fait environ quatre cents li à l'ouest de la rivière *Sou-ye*, il arriva aux *Mille sources*[23]. Le pays des *Mille sources* a environ deux cents li en carré. Au sud, il est borné par des montagnes neigeuses, et, des trois autres côtés, par des plaines unies. La terre est abondamment arrosée, et les arbres des forêts offrent la plus belle végétation. Dans le dernier mois du printemps, les fleurs les plus variées brillent sur la terre, comme une riche broderie. Il y a *mille*[24] bassins d'eau vive ; de là est venu le nom de *Mille sources*. Le *Khan* des *Tou-kioue* (Turcs) vient, chaque année, dans ce lieu, pour éviter les chaleurs de l'été. On y voit une multitude de cerfs, ornés de petites clochettes et d'anneaux. Ils sont familiers avec les hommes, et ne fuient point à leur vue. Le *Khan* les aime et se plaît à les voir. Il a adressé à ses sujets un décret où il est dit que quiconque oserait en tuer un seul, serait puni de mort, sans rémission.

C'est pourquoi tous ces cerfs peuvent finir tranquillement leurs jours.

Après avoir fait de cent quarante à cent cinquante li à l'ouest des *Mille sources,* il arriva à la ville de *Ta-lo-sse* (Taras), qui a de huit à neuf li de tour. Les marchands des différents pays y habitent pêle-mêle. Pour ce qui regarde les produits du sol et la nature du climat, ce pays ressemble à celui de *Sou-ye.*

Après avoir fait environ dix li au sud, il rencontra une ville isolée. Elle renfermait environ trois cents fa milles, qui étaient originaires de Chine. Anciennement, elles avaient été violemment enlevées par les *Tou-kioue* (Turcs). Dans la suite, ces Chinois réunirent un grand nombre de leurs compatriotes, pour veiller avec eux à la défense de cette ville, et finirent par s'y fixer. Ils ont promptement adopté le costume et les goûts des *Tou-kioue* (Turcs), mais ils ont conservé la langue et les usages de leur patrie.

En partant de ce royaume, il fit environ deux cents li au sud-ouest, et arriva à la ville de *Pe-chouï,* ou de l'*Eau blanche*[25]. Cette ville a six ou sept li de tour. Sous le rapport des produits du sol et de la nature du climat, ce pays l'emporte de beaucoup sur celui de *Ta-lo-sse* (Taras).

Après avoir fait environ deux cents li au sud-ouest, il arriva à la ville de *Kong-yu,* qui avait cinq ou six li de tour ; les plaines étaient grasses et fertiles ; les vergers et les forêts offraient une magnifique végétation.

De là, il fit de quarante à cinquante li au sud, et arriva au royaume de *Nou-tch'i-kien*[26].

ROYAUME DE NOU-TCH'I-KIEN.

Ce royaume a environ mille li de tour. La terre est fertile et donne de riches moissons ; les plantes et les arbres offrent la plus belle végétation, les fleurs et les fruits viennent en abondance. On recueille une grande quantité de raisins, qui sont fort estimés. Il y a une centaine de villes, qui obéissent chacune à un chef particulier. Ces chefs sont maîtres de leurs mouvements et de leurs actions, et complètement indépendants les uns des autres. Mais, quoique leurs domaines aient une démarcation distincte, on les comprend tous sous le nom général de *Nou-tch'i-kien-koue*.

En partant de ce pays, il fit environ deux cents li à l'ouest, et arriva au royaume de *Tche-chi* (Tchadj).

ROYAUME DE TCHE-CHI.

(TCHADJ.)

Le royaume de *Tche-chi* (Tchadj) a environ mille li de tour. À l'ouest, il est voisin de la rivière *Ye*[27]. Il est resserré de l'est à l'ouest, et allongé du sud au nord. Pour ce qui regarde les produits du sol et la nature du climat, il ressemble au royaume de *Nou-tch'i-kien*. Il y a plusieurs dizaines de villes grandes et petites, qui ont chacune un chef particulier. Comme il n'existe pas de roi qui ait l'administration générale, elles sont soumises aux *Tou-kioue* (Turcs).

À environ mille li au sud-est de ce pays, on arrive au royaume de *Feï-han*[28]

ROYAUME DE FEÏ-HAN.

Le royaume de *Feï-han* a quatre mille li de tour. De tous côtés, il est environné de montagnes. La terre est grasse et fertile ; elle produit d'abondantes moissons, et une grande quantité de fleurs et de fruits. Ce pays est propre à l'éducation des moutons et des chevaux. Le climat est venteux et froid. Les hommes sont d'un naturel ferme et courageux ; leur langage diffère de celui des autres peuples, leur figure est laide et ignoble. Depuis plusieurs dizaines d'années, ce pays n'a plus de chef suprême. Les hommes les plus puissants luttent entre eux à main armée, et restent indépendants les uns des autres. Se sentant protégés par des rivières et des obstacles naturels, ils ont tracé les limites de leur territoire, et occupent chacun une résidence séparée.

En partant de ce pays, dans la direction de l'ouest, il fit environ mille li, et arriva au royaume de *Sou-tou-li-se-na* (Soutrichna — Osrouchna).

ROYAUME DE SOU-TOU-LI-SE-NA.

SOUTRICHNA

Le royaume de *Sou-tou-li-se-na* (Soutrichna) a de quatorze à quinze cents li de tour. A l'est, il est voisin du fleuve *Ye*[29]. Le fleuve *Ye* sort du plateau septentrional des monts *Tsong-ling*, et coule au nord-ouest. Tantôt il promène lentement ses eaux limoneuses, tantôt il les roule avec bruit et impétuosité. Sous le rapport des produits du sol et des mœurs, ce royaume ressemble à celui de *Tche-chi* (Tchadj). Depuis qu'il a un roi, il s'est mis sous la dépendance des *Tou-kioue* (Turcs).

En parlant de ce royaume, dans la direction du nord-ouest[30], on entre dans un grand désert sablonneux, où l'on ne voit ni eau, ni herbes. La route s'étend à perte de vue, et il est impossible d'en calculer les limites. Il faut regarder dans le lointain quelque haute montagne, et chercher des ossements abandonnés, pour savoir comment se diriger et reconnaître le chemin qu'on doit suivre.

Après avoir fait environ cinq cents li, il arriva au royaume de *Sa-mo-kien* (Samarkand).

ROYAUME DE SA-MO-KIEN.

(SAMARKAND.)

Le royaume de *Sa-mo-kien* (Samarkand) a une circonférence de seize à dix-sept cents li. Il est allongé de l'est à l'ouest, et resserré du sud au nord. La capitale a environ vingt li de tour. Il est protégé par des obstacles naturels et possède une nombreuse population. Les marchandises les plus précieuses des pays étrangers se trouvent réunies en quantité dans ce royaume. Le sol est gras et fertile, et donne d'abondantes moissons. Les arbres des forêts offrent une magnifique végétation, et les fleurs et les fruits viennent en abondance. Ce pays fournit beaucoup d'excellents chevaux. Les habitants se distinguent de ceux des autres pays par une grande habileté dans les arts et métiers. Le climat est doux et tempéré, les mœurs respirent l'énergie et la bravoure. Ce royaume occupe le centre des pays barbares. Pour tout ce qui regarde la conduite morale et les règles de la bienséance, les peuples voisins et éloignés se modèlent sur lui. Le roi est plein de courage, et les royaumes voisins obéissent à ses ordres. Il a une forte armée et une nombreuse cavalerie. La plupart de ses soldats sont de la race des *Tche-kie* (Tchakas ?). Les *Tche-kie* (Tchakas?) sont d'un naturel brave et impétueux, et affrontent la mort avec joie. Quand ils combattent, nul ennemi ne saurait tenir devant eux.

En partant de ce pays, au sud-est, on arrive au royaume de *Mi-mo-kia* (Mimakha)[31].

ROYAUME DE MI-MO-KIA.

(MIMAKHA.)

Le royaume de *Mi-mo-kia* (Mimakha) a de quatre à cinq cents li de tour. Il est situé au milieu d'une vallée ; il est resserré de l'est à l'ouest, et allongé du sud au nord. Sous le rapport des produits du sol et des mœurs, il ressemble au royaume de *Sa-mo-kien* (Samarkand). En partant de ce pays, dans la direction du nord[32], on arrive au royaume de *K'io-pou-ta-na* (Kapôtana ?)[33].

ROYAUME DE K'IO-POU-TA-NA.

(KAPÔTANA ?)

Le royaume de *K'io-pou-ta-na* (Kapôtana ?) a de quatorze à quinze cents li de tour ; il est allongé de l'est à l'ouest, et resserré du sud au nord. Sous le rapport des propriétés du sol et des mœurs, il ressemble au royaume de *Sa-mo-kien* (Samarkand).

En partant de ce royaume, il fit environ trois cents li à l'ouest, et arriva au royaume de *K'iu-choang-ni-kia* (Kouçannika ?)[34].

ROYAUME DE K'IU-CHOANG-NI-KIA.

(KOUÇANNIKA ?)

Le royaume de *K'iu-choang-ni-kia* (Kouçannika ?) a de quatorze à quinze cents li de tour ; il est resserré de l'est à l'ouest et allongé du sud au nord. Sous le rapport des produits du sol et des mœurs, il ressemble au royaume de *Sa-mo-kien* (Samarkand).

Quand on a quitté ce royaume, à une distance d'environ deux cents li à l'ouest, on arrive au royaume de *Ho-han*[35].

ROYAUME DE HO-HAN.

Le royaume de *Ho-han* (Gahan ?) a environ mille li de tour. Sous le rapport des produits du sol et des mœurs, il ressemble au royaume de *Sa-mo-kien*.

Quand on a quitté ce royaume, à une distance d'environ quatre cents li à l'ouest, on arrive au royaume de *Pou-ho*[36].

ROYAUME DE POU-HO.

Le royaume de *Pou-ho*[37] (Pouga ?) a de seize à dix-sept cents li de tour. Il est allongé de l'est à l'ouest, et resserré du sud au nord. Sous le rapport des produits du sol et des mœurs des habitants, il ressemble au royaume de *Sa-mo-kien* (Samarkand).

Quand on a quitté ce royaume, à une distance d'environ quatre cents li à l'ouest, on arrive au royaume de *Fa-ti* (Vadi ou Vati)[38].

ROYAUME DE FA-TI.

Le royaume de *Fa-ti* (Vadi ou Vati) a environ quatre cents li de tour. Sous le rapport des produits du sol et des mœurs des habitants, il ressemble au royaume de *Sa-mo-kien* (Samarkand).

Quand on a quitté ce royaume, à une distance d'environ cinq cents li au sud-ouest[39], on arrive au royaume de *Ho-li-si-mi-kia* (Kharismiga — Kharizm).

ROYAUME DE HO-LI-SI-MI-KIA.

(KHARISMIGA — KHARIZM.)

Le royaume de *Ho-li-si-mi-kia* (Kharizm) est situé sur les deux rives du fleuve *Po-tsou* (Vatch — Oxus). Il a de vingt à trente li de l'est à l'ouest, et cinq cents li du sud au nord. Sous le rapport des produits du sol et des mœurs des habitants, il ressemble au royaume de *Fa-ti* (Vadi ou Vati); mais la langue parlée est un peu différente.

Après avoir quitté le royaume de *Sa-mo-kien* (Samarkand), il fit environ trois cents li au sud-ouest et arriva au royaume de *Kie-choang-na* (Kaçanna)[40].

ROYAUME DE KIE-CHOANG-NA.

(KAÇANNA.)

Le royaume de *Kie-choang-na* (Kaçanna) a de quatorze à quinze cents li de tour. Sous le rapport des produits du sol et des mœurs des habitants, il ressemble au royaume de *Sa-mo-kien* (Samarkand).

En sortant de ce royaume, 11 fit environ deux cents fi au sud-ouest, et entra dans des (gorges de) montagnes. La route des montagnes était rude et raboteuse, et les sentiers des ravins étaient bordés de précipices; on ne rencontrait aucun village, et l'on ne voyait ni eau ni herbes.

Il fit environ trois cents li au sud-est, à travers les montagnes, et entra dans les *Portes de fer*. On appelle ainsi les gorges de deux montagnes parallèles, qui s'élèvent à droite et à gauche, et dont la hauteur est prodigieuse. Elles ne sont séparées que par un sentier qui est fort étroit, et, en outre, hérissé de précipices. Ces montagnes forment, des deux côtés, de grands murs de pierre dont la couleur ressemble à celle du fer. On y a établi des portes à deux battants, qu'on a consolidées avec du fer. On a suspendu aux battants une multitude de sonnettes en fer; et, comme ce passage est difficile et fortement défendu, on lui a donné le nom qu'il porte aujourd'hui.

Lorsqu'on est sorti des *Portes de fer*, on entre dans le royaume de *Tou-ko-lo* (Toukharâ). Le territoire de ce royaume a environ mille li du sud au nord, et trois mille li de l'est à l'ouest. A l'est, il est borné par les monts *Tsong-ling* ; à l'ouest, il touche à la Perse. Au sud, il regarde de grandes montagnes neigeuses ; au nord, il s'appuie sur les *Portes de fer*. Le grand fleuve *Po-tchou* (Vatch— Oxus) coule au milieu de ses frontières dans la direction de l'ouest. Depuis plusieurs centaines d'années, la race royale est éteinte. Des chefs puissants, après avoir lutté entre eux à main armée, se sont arrogé chacun le titre de prince ; et, se sentant protégés par des rivières et des obstacles naturels, ils ont partagé le royaume de *Tou-ko-lo* (Toukharâ) en vingt-sept états. Mais, quoique leurs domaines soient nettement divisés, ils sont soumis, dans leur ensemble, aux *Tou-kioue* (Turcs). La température étant constamment tiède, les épidémies y sont très-fréquentes.

À la fin de l'hiver et au commencement du printemps, il tombe des pluies continuelles. C'est pourquoi au sud de ce pays et au nord de *Lan-po*, il règne beaucoup d'épidémies[41]. De là vient que tous les religieux entrent dans des demeures fixes le seizième jour du douzième mois, et en sortent le quinzième jour du troisième. Cet usage est fondé sur l'abondance des pluies. Les instructions qu'on leur donne sont subordonnées aux saisons. Les habitants sont d'un caractère mou et pusillanime ; leur figure est commune et ignoble. Ils ont quelques notions de la bonne foi et de la justice, et ne se trompent guère les uns les autres. Quant à la langue parlée, elle diffère un peu de celle des autres royaumes. L'écriture se compose de vingt-cinq signes radicaux qui se combinent ensemble ; ils servent à exprimer toutes choses. Les livres sont écrits en travers et se lisent de gauche à droite. Les compositions littéraires et les mémoires historiques se sont augmentés peu à peu, et sont, aujourd'hui, plus nombreux que ceux du pays de *Sou-li*[42].

Le plus grand nombre des habitants se revêt de coton, et il en est peu qui portent des étoffes de laine. Dans le commerce, ils font usage de monnaies d'or, d'argent, etc., qui, par leur forme, diffèrent de celles des autres royaumes. En suivant le cours du fleuve *Po-tsou* (Vatch—Oxus), qui descend vers le nord, on arrive au royaume de *Ta-mi* (Termed).

Le royaume de *Ta-mi* (Termed) a environ six cents li de l'est à l'ouest, et quatre cents li du sud au nord. La circonférence de la capitale est d'une vingtaine de li, Il est allongé de l'est à l'ouest, et resserré du sud au nord. Il possède une dizaine de *Kia-lan* (Sañghârâmas) où l'on compte environ mille religieux. Près des *Stoûpas* et des statues vénérables des *Bouddhas*, on voit éclater une multitude de prodiges.

A l'est, il s'étend jusqu'au royaume de *Tch'i-'go-yen-na*[43].

ROYAUME DE TCH'I-'GO-YEN-NA.

Le royaume de *Tch'i-'go-yen-na* (Tchagayana) a environ quatre cents li de l'est à l'ouest, et environ cinq cents li du sud au nord. La capitale a une dizaine de li de circonférence. Il y a cinq couvents qui ne renferment qu'un petit nombre de religieux, A l'est, il s'étend jusqu'au royaume de *Ho-lou-mo* (Kolom)[44].

ROYAUME DE HO-LOU-MO.

Le royaume de *Ho-lou-mo* (Kolom) a environ cent li de l'est à l'ouest, et environ trois cents li du sud au nord. La circonférence de la capitale est d'une dizaine de li. Le roi de ce pays est de la race des Turcs appelés *Hi-sou*. Il y a deux couvents qui renferment environ cent religieux.

À l'est, il s'étend jusqu'au royaume de *Sou-man* (Chouman)[45].

ROYAUME DE SOU-MAN.

Le royaume de *Sou-man* (Chouman) a environ quatre cents il de l'est à l'ouest, et environ cent li du sud au nord. La circonférence de la capitale est de six à sept li. Le roi est de la race des Turcs appelés *Hi-sou*. Il y a deux couvents qui ne renferment qu'un petit nombre de religieux.

Au sud-ouest, ce pays est voisin du fleuve *Po-tsou* {Vatch — Oxus) et s'étend jusqu'au royaume de *Kio-ho-yen-na* (Kouvayana)[46]. Il a environ deux cents li de l'est à l'ouest, et environ trois cents li du sud au nord. La circonférence de la capitale est d'environ dix li. Il y a trois couvents où l'on compte une centaine de religieux.

À l'est, le pays de *Sou-man* s'étend jusqu'au royaume de *Hou-cha*[47].

ROYAUME DE HOU-CHA.

Le royaume de *Hou-cha* a environ trois cents li de l'est à l'ouest, et cinq cents li du sud au nord. La circonférence de la capitale est de seize à dix-sept li.

A l'est, le pays de *Hou-cha* s'étend jusqu'au royaume de *Kho-tou-lo*[48].

ROYAUME DE KHO-TOU-LO.

Le royaume de *Kho-tou-lo* a environ mille li de l'est à l'ouest, et mille li du sud au nord. La circonférence de la capitale est d'environ vingt li. A l'est, il touche aux monts *Tsong-ling*, et s'étend jusqu'au royaume de *Kiu-mi-tho* (Koumidha)[49].

ROYAUME DE KIU-MI-THO.

Le royaume de *Kiu-mi-tho* (Koumidha) a environ deux mille li de l'est à l'ouest, et deux cents li du sud au nord. Il est situé au centre des grands *Tsong-ling*. La circonférence de la capitale est d'une vingtaine de li. Au sud-ouest, ce royaume est voisin du fleuve *Po-tsou* (Vatch—Oxus) ; au sud, il touche au royaume de *Chi-khi-ni*[50].

Au sud, on passe le fleuve *Po-tsou* (Vatch—Oxus), et l'on arrive aux royaumes de *Ta-mo-si-t'ie-ti* (Dhamasthieti ?), de *Po-lo-tchoang-na* (Paṭasthâna ?), de *In-po-kien* (Invakan), de *K'iu-lang-na* (Kouraṇa), de *Hi-mo-to-lo*[51] (Himatala), de *Po-li-ho*[52] (Priha ?), de *Khi-li-se-mo* (Kharisma ?), de *Ho-lo-hou* (Roh ?), de *'O-li-ni* (Alni ou Arni), et de *Moung-kien* (Mounkan).

En partant du sud-est du royaume de *Houo* (Gour ?), on arrive aux royaumes de *Hien-si-to*[53], de *'An-ta-lo-po* (Anderab) ; c'est ce qu'on peut voir dans l'histoire du retour (du voyageur)[54].

Au sud-ouest, le royaume de *Houo* (Gour ?) s'étend jusqu'au royaume de *Po-kia-lang* (Baglan).

ROYAUME DE PO-KIA-LANG.

Le royaume de *Po-kia-lang* a environ cinquante li de l'est à l'ouest, et deux cents li du sud au nord. La circonférence de la capitale est d'une dizaine de li.

Au sud, Le pays de *Po-kia-lang* s'étend jusqu'au royaume de *He-lou-si-min-kien* (Hrosminkan ?)[55].

Page:Xuanzang, Julien - Mémoires sur les contrées occidentales, tome 1.djvu/119 Page:Xuanzang, Julien - Mémoires sur les contrées occidentales, tome 1.djvu/120 Page:Xuanzang, Julien - Mémoires sur les contrées occidentales, tome 1.djvu/121 Page:Xuanzang, Julien - Mémoires sur les contrées occidentales, tome 1.djvu/122 Page:Xuanzang, Julien - Mémoires sur les contrées occidentales, tome 1.djvu/123 Page:Xuanzang, Julien - Mémoires sur les contrées occidentales, tome 1.djvu/124 Page:Xuanzang, Julien - Mémoires sur les contrées occidentales, tome 1.djvu/125 Page:Xuanzang, Julien - Mémoires sur les contrées occidentales, tome 1.djvu/126 Page:Xuanzang, Julien - Mémoires sur les contrées occidentales, tome 1.djvu/127 Page:Xuanzang, Julien - Mémoires sur les contrées occidentales, tome 1.djvu/128 Page:Xuanzang, Julien - Mémoires sur les contrées occidentales, tome 1.djvu/129 Page:Xuanzang, Julien - Mémoires sur les contrées occidentales, tome 1.djvu/130 Page:Xuanzang, Julien - Mémoires sur les contrées occidentales, tome 1.djvu/131 Page:Xuanzang, Julien - Mémoires sur les contrées occidentales, tome 1.djvu/132 Page:Xuanzang, Julien - Mémoires sur les contrées occidentales, tome 1.djvu/133 Page:Xuanzang, Julien - Mémoires sur les contrées occidentales, tome 1.djvu/134 Page:Xuanzang, Julien - Mémoires sur les contrées occidentales, tome 1.djvu/135 Page:Xuanzang, Julien - Mémoires sur les contrées occidentales, tome 1.djvu/136 Page:Xuanzang, Julien - Mémoires sur les contrées occidentales, tome 1.djvu/137 Page:Xuanzang, Julien -

Mémoires sur les contrées occidentales, tome 1.djvu/138 Page:Xuanzang, Julien - Mémoires sur les contrées occidentales, tome 1.djvu/139 Page:Xuanzang, Julien - Mémoires sur les contrées occidentales, tome 1.djvu/140 Page:Xuanzang, Julien - Mémoires sur les contrées occidentales, tome 1.djvu/141 Page:Xuanzang, Julien - Mémoires sur les contrées occidentales, tome 1.djvu/142 Page:Xuanzang, Julien - Mémoires sur les contrées occidentales, tome 1.djvu/143

1. ↑ Comme les noms de deux syllabes et au-dessus ne peuvent presque jamais être confondus avec d'autres, on a supprimé dans cette première partie les signes chinois qui les représentent. Les sinologues que l'orthographe chinoise peut seuls intéresser, la trouveront, à l'aide de la prononciation, dans les Index alphabétiques qui termineront la seconde partie. Les monosyllabes pouvant quelquefois causer quelque difficulté, nous en avons donné la figure chinoise, surtout lorsqu'il s'agissait de signaler des fautes dans le texte original, ou d'indiquer de légères différences d'orthographe.

    Pour éviter des répétitions inutiles, nous donnerons à la fin du second volume, dans des tables spéciales consacrées aux mots indiens, chinois et français, tous les noms de lieux, de personnes et de choses, qui peuvent avoir besoin d'explication.
2. ↑ Littéralement : elle a eu peu d'additions et de retranchements.
3. ↑ Au lieu de trois *aliments purs*, on en trouve cinq dans le Dictionnaire *San-thsang-fa-sou* (liv.XXIV, fol. 24) : 1° (les fruits) qui ont été *épurés* par le feu ; 2° *épurés* avec le couteau, c'est-à-dire pelés et débarrassés des pepins ; 3° *épurés* avec l'ongle (qui a enlevé l'écorce, la pelure, la capsule des graines, etc.) ; 4° les fruits qui se sont séchés d'eux-mêmes et qui ne sont plus bons à fournir des graines ; 5° les fruits qui ont été becquetés par les oiseaux.
4. ↑ Lorsqu'en enseignant on passe du *petit* au *grand*, cela s'appelle *thsien-kiao*, la *doctrine graduelle*. (Dictionnaire *San-thsang-fa-sou*, liv. X, fol. 19.) C'est ce qu'a fait le *Bouddha*, depuis la *forêt des cerfs* (Bénarès) jusqu'aux *deux arbres*, c'est-à-dire depuis le commencement de son

enseignement, jusqu'à l'époque où il entra dans le *Nirvâṇa*, entre deux arbres *Sâlas*.

5. ↑ Anciennement, on écrivait *Kieou-tse* (aujourd'hui *Koutche*). D'après le Dictionnaire *Si-yu-thong-wen-tchi*, c'était le Bichbalik du temps des *Ming*.

6. ↑ Riz qui n'est pas glutineux. (Dict. de *Khang-hi*.)

7. ↑ Dans le texte, on lit 銘 *ming* « inscription » au lieu de 鉛 *youen* « plomb ».

8. ↑ C'est-à-dire, est de la même race que les indigènes de *K'iu-tchi*.

9. ↑ Voyez M. Reinaud, *Relation des voyageurs arabes dans l'Inde et la Chine*, L. I, p. 119, et L. II, p. 51.

10. ↑ Voir plus haut, p. 2, note 2, et p. 3, note 1.

11. ↑ Mot à mot : d'un pied huit pouces. J'ai écrit dix-huit pouces pour éviter la répétition du mot *pied*.

12. ↑ On distingue neuf jours de jeûne, qui tombent : 1° dans le premier mois ; 2° dans le cinquième mois ; 3° dans le neuvième mois ; 4° le huitième jour de chaque mois ; 5° le quatorzième jour de chaque mois ; 6° le quinzième jour de chaque mois ; 7° le vingt-troisième jour de chaque mois ; 8° le vingt-neuvième jour de chaque mois ; 9° le trentième jour de chaque mois. (Dict. *San-thsang-fa-sou*, liv. XXXV, fol. 1.)

13. ↑ L'assemblée quinquennale s'appelait *Pañtchavarcha*, et *Pañtchavarchika*. Elle avait été fondée par le roi *Açôka*, cent ans après le *Nirvâṇa* du *Bouddha*. (Dict. *King-tsie-in-i*, liv. XVII, fol. 2 v°.)

14. ↑ En chinois, *khi-te* « extraordinaire ». Je ne trouve, en sanscrit, aucun mot du même sens qui réponde à l'épithète *açalini*, dont, au reste, la terminaison féminine ne saurait s'accorder avec le mot *saṅghârâma*. Cette transcription a lieu de surprendre dans *Hiouen-thsang*, qui, d'ordinaire, écrit correctement les mots indiens dont il donne le sens.

15. ↑ *Tchong-kong*, palais habité par les favorites du roi, qui répond au *harem* des musulmans.

16. ↑ Il y a, en chinois, *Heou-t'ing* « la salle de derrière », expression qui a le même sens que *Tchong-kong*, p.8, note 1. *Heou-t'ing* s'emploie encore pour désigner les favorites du roi. (*Peï-wen-yun-fou*, liv. XXIV A, f. 100.)

17. ↑ C'est-à-dire l'habitation des favorites du roi.

18. ↑ En chinois, *khi-te* « extraordinaire ». C'est de cette idée qu'est venu le nom de *Açalini* (*sic*) donné par le roi au couvent qu'il bâtit à cette occasion. (Voyez page 7, note 1.)

19. ↑ En chinois, *Ling-chan* ; c'est le *Mousour-dabaghan* d'aujourd'hui. Cf. *Sin-kiang-tchi-lio,* liv. I, fol. 10.
20. ↑ Le nom étranger de ces montagnes est *Tartachi daba,* suivant les éditeurs du *Pien-i-tien,* liv. LV, art. *K'iu-tchi* (Koutche).
21. ↑ C'est le lac *Temourtou* ou *Issikoul*. On l'appelle aussi *Je-haï* « mer chaude », et *Hien-haï* « mer salée ».
22. ↑ Suivant Klaproth, cette rivière est la même que celle que les Chinois appellement *Na-mi*.
23. ↑ En mongol, *Ming boulak*. Cf. Dict. *Si-tu-thong-wen-tchi,* l. V, f° 37.
24. ↑ Ici *mille* est employé pour un nombre indéfini. Ce chiffre, dit le *Si-yu-thong-wen-tchi,* indique la grande multitude des sources.
25. ↑ Suivant le Dictionnaire *Si-yu-thong-wen-tchi (liv. VI, fol. 17), la rivière* Pe-chouï *ou de l'*Eau blanche, *correspondait à celle qu'on appelle aujourd'hui* Aksou-gool. Aksou *signifie « blanc », en turc oriental.*
26. ↑ En arabe, *Nouchidjan,* suivant M. Reinaud.
27. ↑ *Ye-ho* la rivière *Ye,* aujourd'hui *Sihoun* (l'Iaxartes des anciens).
28. ↑ *Feï-han* répond au pays des *Fergana*. Sous les *Thang,* dit le Dict. *Si-yu-thong-wen-tchi,* liv. I, fol. 37, le royaume de *Feï-han* comprenait le pays actuel de *Bedelik*.
29. ↑ Le *Sihoun* actuel, l'*Iaxartes* des anciens.
30. ↑ M. Vivien de Saint-Martin est d'avis qu'il faut « sud-ouest ».
31. ↑ *Mi-mo-kia* ; en chinois, *Mi-koue* « le royaume du riz ».
32. ↑ Suivant M. Vivien de Saint-Martin : « Dans la direction du nord-ouest de *Samarkand*. »
33. ↑ En chinois, *Tsao-koue* « le royaume de la multitude ».
34. ↑ En chinois, *Ho-koue*. Littéralement « quel royaume ? ».
35. ↑ En chinois, *Tong-'an* « le repos de l'Orient ». Klaproth lit *Gahan*.
36. ↑ Le Dict. *Fan-i-ming-i-tsi* (liv. VII, fol. 13) donne *Pou-kie* (Pouga ?).
37. ↑ En chinois, *Tchong-'an-koue* « le royaume du repos du centre ».
38. ↑ En chinois, *Si-'an-koue* « le royaume du repos de l'occident ».
39. ↑ Suivant M. Vivien de Saint-Martin, il faut « au nord-ouest ».
40. ↑ En chinois, *Chi-koue* « le royaume des historiens ».
41. ↑ En chinois, *ouen-tsi,* littéralement « maladies tièdes », c'est-à-dire maladies causées par une température tiède.
42. ↑ Sur le pays de *Sou-li,* voyez, page 12, ce que dit l'auteur dans la notice relative au royaume de *Pa-lon-kia* (Bâloukâ ?).
43. ↑ *Tchâgânian,* suivant M. Alex. Cunningham.
44. ↑ Le Kolom des Arabes, suivant M. Reinaud.
45. ↑ Le *Chouman* d'Ibn-Haucal, suivant M. Reinaud ; le *Souman* d'*Edrisi (Alex. Cunningham).
46. ↑ On écrit aussi *Kio-li-yen-na* (Kouriyana ?)

47. ↑ *Hou-cha*, Och, suivant M. Reinaud.
48. ↑ Le *Kotol* des Arabes, suivant M. Reinaud.
49. ↑ Suivant le *Thaï-thsing-i-tong-tchi (liv. CCCCXIX, art. Khotan), le royaume de* Kiu-mi-tho *(Koumidha) formait la partie orientale du* Keldiya *actuel.*
50. ↑ Aujourd'hui *Sicknam*, sur l'Oxus, au dessous de *Badakchan*. On trouve la description de ce royaume dans le *Si-yu-ki*, liv. XII, fol. 8.
51. ↑ C'est à tort qu'en cet endroit une note de l'ouvrage donne à la première syllabe le son de *ti* ; car une autre note du même livre (fol. 24 recto), lui donne le son de *hi* (ce qui est conforme à la prononciation du Dictionnaire de *Khang-hi*) ; de plus, une troisième note du *Si-yu-ki* (liv. III, fol. 17), nous apprend que le mot entier signifie le royaume situé *au bas des montagnes neigeuses* (*Sioue-chan-hia*). En sanscrit, *hima* veut dire « neige », et *tala* « au bas ».
52. ↑ Dans la Vie de Hiouen-thsang (*Sou-kuo-seng-tch'ouen*, liv. V, fol. 3), on lit : le royaume de *Pi-li*.
53. ↑ D'après le liv. XII, fol. 3 r°, l. 3, au lieu de 闍 *Hien*, il faut lire 闊 *K'ouo* (*K'ouo-si-to*, Khousta).
54. ↑ Cf. *Si-yu-ki*, liv. XII, fol. 3-9.
55. ↑ Je trouve la première syllabe, 紇 *he* pour *h*, dans *Hrĭdaya* « cœur ».

LIVRE DEUXIÈME.

NOTICE SUR L'INDE.

I.
Noms de l'Inde[1].

Le nom du *T'ien-tchou* (de l'Inde) a reçu des formes diverses et confuses ; je vais les faire connaître. Anciennement, on disait *Chin-tou* ; quelques auteurs l'appellent *Hien-teou*[2]. Maintenant, pour se conformer à la vraie prononciation, il faut dire *In-tou*. Les habitants de l'Inde ont donné à leur royaume des noms qui changent suivant les pays ; chaque contrée a des usages différents. Pour citer le nom le plus général, et qu'ils regardent comme le plus beau, nous l'appellerons avec eux *In-tou* (Indou), mot qui, en chinois, signifie *lune*. La lune a beaucoup de noms ; celui-ci en est un. Ils disent que toutes les créatures animées parcourent, sans interruption, le cercle de la vie et de la mort[3]. Dans l'obscurité d'une longue nuit, veuve de l'astre qui l'éclaire[4], ils se trouvent comme lorsque le soleil a caché son disque radieux. Alors les flambeaux continuent le jour ; mais, quoique leur clarté égale celle des étoiles, pourrait-on la comparer à la splendeur de la lune ?

Si, partant de cette considération, ils ont comparé (l'Inde) à la lune, c'est surtout parce que, dans cette contrée, les saints et les sages qui se sont succédé les uns aux autres, ont guidé le siècle et dirigé les êtres, comme la lune lorsqu'elle répand son éclat sur le monde ; c'est par suite de cette idée qu'ils l'ont appelée *In-tou* (Indon)

Les familles de l'Inde sont divisées en plusieurs classes (castes) ; celle des Brâhmanes est considérée comme la plus pure et la plus noble. D'après leur nom distingué, et par l'effet d'une tradition que l'usage a consacrée, sans tenir compte de la distinction des limites de l'Inde, on donne à cette contrée le nom général de royaume des *Po-lo-men* (des Brâhmanes).

II.
Étendue et position de l'Inde ; nature du climat et du sol.

La circonférence des cinq Indes est d'environ quatre-vingt-dix mille li ; de trois côtés, elle est bornée par une grande mer ; au nord, elle est adossée à des montagnes neigeuses. Elle est large au nord, et resserrée au midi ; sa figure est celle d'une demi-lune. Elle est divisée en soixante et dix royaumes. En tout temps, il y règne une chaleur excessive. La terre est humectée par une multitude de sources. Au nord, les montagnes et les tertres forment des chaînes continues ; les collines et les monticules sont imprégnés de sel. À l'est, les vallées et les plaines sont abondamment arrosées ; les terres propres à la culture sont grasses et fertiles. Dans le sud, les plantes et les arbres végètent avec vigueur ; dans l'ouest, le sol est pierreux et stérile. Tel est l'aperçu sommaire qu'on peut donner de l'Inde.

III.

Noms des mesures ; valeur du *Yu-chen-na* (Yôdjana) ; divisions du Yôdjana jusqu'à l'atome.

Depuis les saints rois de l'antiquité, un *Yu-chen-na* (Yôdjana) représente la marche d'une armée pendant un jour. Suivant les anciennes traditions, un *Yu-chen-na* (Yôdjana) répond à quarante li ; d'après les usages des royaumes de l'Inde, c'est trente li ; enfin, le Yôdjana que mentionnent les livres sacrés ne contient que seize li.

Pour arriver à la dernière limite des petites quantités, on divise un *Yu-chen-na* (Yôdjana) en huit *Keou-lou-che* (Krôças)[5]. Un *Keou-lou-che* est la distance jusqu'où l'on peut entendre le cri d'un bœuf. Le *Keou-lou-che* (Krôça) se divise en cinq cents *arcs* ; un *arc* (Dhanou), en quatre *coudées* ; (Hastas) ; la coudée en vingt-quatre (jointures de) *doigt* ; la *jointure de doigt* (Añgouliparvva), en sept *grains de blé tardif ?* (Yava)[6]. De là, on arrive au *pou* (Yoûka) ; à la lente (Likchâ) ; à la *poussière fine venant par un petit trou* (Vâtâyanaradja) ; au *poil de vache* (Gôlôma) ; au *poil de mouton* (Avilôma) ; au *poil de lièvre* (Çaçôrṇa) ; à *l'eau de cuivre* (Tâmrâpa ?). Après sept divisions successives, on arrive à la *poussière fine* (Aṇou) ; la poussière fine ayant été divisée sept fois, devient une *poussière excessivement fine*

(Paramâṇou, c'est-à-dire l'atome le plus subtil). La poussière excessivement fine

Page:Xuanzang, Julien - Mémoires sur les contrées occidentales, tome 1.djvu/149 Page:Xuanzang, Julien - Mémoires sur les contrées occidentales, tome 1.djvu/150 Page:Xuanzang, Julien - Mémoires sur les contrées occidentales, tome 1.djvu/151 Page:Xuanzang, Julien - Mémoires sur les contrées occidentales, tome 1.djvu/152 Page:Xuanzang, Julien - Mémoires sur les contrées occidentales, tome 1.djvu/153 Page:Xuanzang, Julien - Mémoires sur les contrées occidentales, tome 1.djvu/154 Page:Xuanzang, Julien - Mémoires sur les contrées occidentales, tome 1.djvu/155 Page:Xuanzang, Julien - Mémoires sur les contrées occidentales, tome 1.djvu/156 Page:Xuanzang, Julien - Mémoires sur les contrées occidentales, tome 1.djvu/157 Page:Xuanzang, Julien - Mémoires sur les contrées occidentales, tome 1.djvu/158 Page:Xuanzang, Julien - Mémoires sur les contrées occidentales, tome 1.djvu/159 Page:Xuanzang, Julien - Mémoires sur les contrées occidentales, tome 1.djvu/160 Page:Xuanzang, Julien - Mémoires sur les contrées occidentales, tome 1.djvu/161 Page:Xuanzang, Julien - Mémoires sur les contrées occidentales, tome 1.djvu/162 Page:Xuanzang, Julien - Mémoires sur les contrées occidentales, tome 1.djvu/163 Page:Xuanzang, Julien - Mémoires sur les contrées occidentales, tome 1.djvu/164 Page:Xuanzang, Julien - Mémoires sur les contrées occidentales, tome 1.djvu/165 Page:Xuanzang, Julien -

Mémoires sur les contrées occidentales, tome 1.djvu/166 Page:Xuanzang, Julien - Mémoires sur les contrées occidentales, tome 1.djvu/167 Page:Xuanzang, Julien - Mémoires sur les contrées occidentales, tome 1.djvu/168 Page:Xuanzang, Julien - Mémoires sur les contrées occidentales, tome 1.djvu/169 Page:Xuanzang, Julien - Mémoires sur les contrées occidentales, tome 1.djvu/170 Page:Xuanzang, Julien - Mémoires sur les contrées occidentales, tome 1.djvu/171 Page:Xuanzang, Julien - Mémoires sur les contrées occidentales, tome 1.djvu/172 Page:Xuanzang, Julien - Mémoires sur les contrées occidentales, tome 1.djvu/173 Page:Xuanzang, Julien - Mémoires sur les contrées occidentales, tome 1.djvu/174 Page:Xuanzang, Julien - Mémoires sur les contrées occidentales, tome 1.djvu/175 Page:Xuanzang, Julien - Mémoires sur les contrées occidentales, tome 1.djvu/176 Page:Xuanzang, Julien - Mémoires sur les contrées occidentales, tome 1.djvu/177 Page:Xuanzang, Julien - Mémoires sur les contrées occidentales, tome 1.djvu/178 champ du roi et payent, en tribut, la sixième partie de leur récolte. Les marchands, qui poursuivent le lucre, vont et viennent pour leur négoce. Aux gués des rivières, aux barrières des chemins, on passe après avoir payé une légère taxe. Lorsque le roi entreprend quelque construction, il n'oblige pas ses sujets à travailler gratuitement. Il leur donne un juste salaire proportionné au travail qu'ils ont fait. Les militaires gardent les frontières ou vont combattre l'ennemi ; d'autres montent la garde, la nuit, dans les postes du palais. On lève des soldats suivant les besoins du service ; on leur promet des récompenses, et l'on attend qu'ils viennent s'enrôler. Les gouverneurs, les ministres, les magistrats et les employés reçoivent chacun une certaine quantité de terres et vivent de leur produit.

XVII.
Plantes et arbres indigènes et exotiques ; agriculture ; nourriture habituelle des Indiens ; aliments permis et défendus ; breuvages ; vases de cuisine et de table ; manière de manger.

Les climats et les qualités du sol étant fort différents, les produits de la terre offrent aussi une grande variété. Les fleurs et les plantes, les fruits et les arbres diffèrent autant par leurs espèces que par leurs noms. On remarque, par exemple, les suivants : l'*An-mo-lo-ko* (Amalaka) ; l'*An-mi-lo* (Amila ?) ; le *Mo-thou-kia* (Ma-dhouka) ; le *Po-ta-lo* (Bhadra) ; le *Kie-pi-tha* (Kapittha) ; l'*O-mo-lo* (Âmra) ; le *Tchin-thou-kia* (Tindouka) ; l'*Ou-tan-po-lo* (Oudoumbara) ; le *Meou-tche* (Môtcha) le *Na-li-ki-lo* (Nârîkêla) ; le *Pan-na-so* (Panasa) ; etc. Il serait difficile d'énumérer toutes les espèces de fruits ; on a cité sommairement ceux que les hommes estiment le plus. Quant aux fruits du jujubier, du châtaignier et du *Pi-chi* (Kaki), ils sont inconnus dans l'Inde. Depuis que les deux espèces de poiriers *li* et *naï*, le pêcher, l'amandier, la vigne et autres arbres à fruits ont été apportés du royaume de Cachemire, on les voit croître de tous côtés. Les grenadiers et les orangers à fruits doux se cultivent dans tous les royaumes de l'Inde.

Les laboureurs cultivent les champs, et se livrent à tous les travaux agricoles. Ils labourent et sarclent, sèment et récoltent suivant les saisons ; chacun se repose après avoir travaillé. Parmi les produits de la terre, le riz et le blé dominent. Au nombre des légumes et des plantes potagères, on compte le gingembre, la moutarde, les melons et les courges. Les plantes d'une odeur forte, les oignons, les ciboules sont rares ; il y a aussi peu de personnes qui en mangent. Si quelqu'un en fait usage dans sa maison, on l'expulse hors des murs de la ville. On se nourrit ordinairement de gâteaux de farine de grains torréfiés, dans laquelle on mêle du lait, de la crème, du beurre, de la cassonade, du sucre solide, de l'huile de moutarde (*Sinapis glauca*)[Z]. Le poisson, le mouton, le daim, le cerf se servent en tout temps, soit par quartiers, soit en tranches minces. Pour ce qui regarde les bœufs, les ânes, les éléphants, les chevaux, les porcs, les chiens, les renards, les loups, les lions et les singes, la loi défend de les manger. Ceux qui en font leur nourriture sont couverts de honte et de mépris, et ils deviennent pour tout le monde un objet de haine et de dégoût. Repoussés de la société, ils vivent en dehors des murs de la ville, et ne se montrent que rarement parmi les hommes.

Quant aux vins et aux liqueurs, on en distingue plusieurs sortes. Le jus des raisins et des cannes à sucre est le breuvage des *T'sa-ti-li* (Kchattriyas) ; la liqueur forte tirée de grains fermentés est celle des *Feï-che* (Vâiçyas). Les *Cha-men* (Çramaṇas) et les *Po-lo-men* (Brâhmanes) boivent le jus du raisin ou celui de la canne à sucre, qui diffèrent tout à fait du vin distillé.

Les diverses familles et les classes de basse condition n'ont rien qui les sépare et les distingue; seulement, les vases dont elles se servent diffèrent notablement par le travail et la matière. Les Indiens sont abondamment pourvus d'ustensiles appropriés à tous leurs besoins. Quoiqu'ils fassent usage de marmites et de casseroles, ils ne connaissent point les vases de terre appelés *Tseng*, pour faire cuire le riz[8]. Ils ont beaucoup de vases en argile séchée et se servent rarement de cuivre rouge. Ils mangent dans un seul vase, apprêtent les mets avec divers assaisonnements et les prennent avec les doigts. Ils ne font usage ni de cuillers ni de bâtonnets[9] ; mais, lorsqu'ils sont malades, ils se servent de cuillers de cuivre.

XVIII.

Métaux précieux ; jade, lentilles de cristal ; monnaies d'or et d'argent ; cauris et perles employés comme moyens d'échange. Coup d'œil général sur la rédaction du présent ouvrage.

L'or, l'argent, le laiton, le jade blanc, les lentilles de cristal, sont des produits indigènes que l'on voit en grande abondance. Les Indiens tirent des îles une foule de choses rares et précieuses, différentes d'espèces et de noms. Ils les échangent pour se procurer des marchandises. Mais, dans leurs transactions commerciales, ils font usage de monnaies d'or et d'argent, de coquilles à perles[10] et de petites perles.

(Dans cet ouvrage), on a fait connaître complétement les pays que renferme l'Inde et leurs limites particulières, et l'on a décrit sommairement les différences du climat et du sol. On a groupé ensemble les détails qui se rapportaient au même sujet et l'on en a présenté un résumé succinct. Enfin, en traitant de chaque royaume, on a décrit les différents modes d'administration et les mœurs diverses des habitants. Page:Xuanzang, Julien - Mémoires sur les contrées occidentales, tome 1.djvu/183 Page:Xuanzang, Julien - Mémoires sur les contrées occidentales, tome 1.djvu/184 Page:Xuanzang, Julien - Mémoires sur les contrées occidentales, tome 1.djvu/185 Page:Xuanzang, Julien - Mémoires sur les contrées occidentales, tome 1.djvu/186 Page:Xuanzang, Julien - Mémoires sur les contrées occidentales, tome 1.djvu/187 Page:Xuanzang, Julien - Mémoires sur les contrées occidentales, tome 1.djvu/188 Page:Xuanzang, Julien - Mémoires sur les contrées occidentales, tome 1.djvu/189 Page:Xuanzang, Julien - Mémoires sur les contrées occidentales, tome 1.djvu/190 Page:Xuanzang, Julien - Mémoires sur les contrées occidentales, tome 1.djvu/191 Page:Xuanzang, Julien - Mémoires sur les contrées occidentales, tome 1.djvu/192 Page:Xuanzang, Julien - Mémoires sur les contrées occidentales, tome 1.djvu/193 Page:Xuanzang, Julien - Mémoires sur les contrées occidentales, tome 1.djvu/194 Page:Xuanzang, Julien - Mémoires sur les contrées occidentales, tome 1.djvu/195 Page:Xuanzang, Julien - Mémoires sur les contrées occidentales, tome 1.djvu/196 Page:Xuanzang, Julien - Mémoires sur les contrées occidentales, tome 1.djvu/197 Page:Xuanzang, Julien - Mémoires sur les contrées occidentales, tome 1.djvu/198 Page:Xuanzang, Julien - Mémoires sur les contrées occidentales, tome 1.djvu/199 Page:Xuanzang, Julien - Mémoires sur les contrées occidentales, tome 1.djvu/200

Page:Xuanzang, Julien - Mémoires sur les contrées occidentales, tome 1.djvu/201 Page:Xuanzang, Julien - Mémoires sur les contrées occidentales, tome 1.djvu/202 Page:Xuanzang, Julien - Mémoires sur les contrées occidentales, tome 1.djvu/203 Page:Xuanzang, Julien - Mémoires sur les contrées occidentales, tome 1.djvu/204 Page:Xuanzang, Julien - Mémoires sur les contrées occidentales, tome 1.djvu/205 Page:Xuanzang, Julien - Mémoires sur les contrées occidentales, tome 1.djvu/206 Page:Xuanzang, Julien - Mémoires sur les contrées occidentales, tome 1.djvu/207 Page:Xuanzang, Julien - Mémoires sur les contrées occidentales, tome 1.djvu/208 Page:Xuanzang, Julien - Mémoires sur les contrées occidentales, tome 1.djvu/209 Page:Xuanzang, Julien - Mémoires sur les contrées occidentales, tome 1.djvu/210 Page:Xuanzang, Julien - Mémoires sur les contrées occidentales, tome 1.djvu/211 Page:Xuanzang, Julien - Mémoires sur les contrées occidentales, tome 1.djvu/212 Page:Xuanzang, Julien - Mémoires sur les contrées occidentales, tome 1.djvu/213 Page:Xuanzang, Julien - Mémoires sur les contrées occidentales, tome 1.djvu/214 Page:Xuanzang, Julien - Mémoires sur les contrées occidentales, tome 1.djvu/215 Page:Xuanzang, Julien - Mémoires sur les contrées occidentales, tome 1.djvu/216 Page:Xuanzang, Julien - Mémoires sur les contrées occidentales, tome 1.djvu/217 Page:Xuanzang, Julien - Mémoires sur les contrées occidentales, tome 1.djvu/218

1. ↑ Dans le texte original, ce morceau n'est pas divisé par paragraphes. J'ai séparé et numéroté chaque article, pour éviter la répétition fastidieuse des

locusions : quant à ; — pour ce qui regarde ; — passons à ; — parlons de, etc. Cette disposition en rendra les différentes parties plus nettes et plus faciles à saisir.

2. ↑ J'ai expliqué autrefois, dans le *Journal Asiatique* de Paris (série IV, tome X, page 91), les diverses transformations qu'a subies le mot *In-dou* pour arriver à la forme *T'ien-tchou*, la plus altérée de toutes.
3. ↑ Littéralement : reviennent comme une roue, et ne se reposent pas.
4. ↑ Littéralement : une longue nuit où manque l'astre qui y préside.
5. ↑ « *A Kôs*, containing 4,000 cubits ; some double this, and make the *Kôs* 8,000 cubits. » (Wilson, Sanscrit Dictionary.)

Dans le *Lalita vistâra*, l'auteur indien procède en sens inverse, en commençant par l'atome le plus subtil pour arriver au Yôdjana. Je rapporterai (d'après la traduction chinoise, liv. IV, fol. 20) ces divisions et subdivisions, qui offrent des particularités curieuses : 1° sept grains de poussière extrêmement fine, font un *'O-neou* (Aṇou) ; 2° sept Aṇavas font un *Tou-tchi* (Çrouti) ; 3° sept Çroutyas font un grain de poussière qui passe par un trou de fenêtre (Vâtâyanaradja) ; 4° sept Vâtâyanaradjas font un grain de poussière (qu'on voit) sur un poil de lièvre (Çaçaradja) ; 5° sept Çaçaradjas font un grain de poussière (qu'on voit) sur un poil de mouton (Êḍakaradja) ; 6° sept Êḍakaradjas font un grain de poussière (qu'on voit) sur un poil de bache (Gôradja) ; 7° sept Gôradjas font une lente (Likchâ) ; 8° sept Likchâs font un grain de sénevé (Sarchapa) ; 9° sept Sarchapas font un grain de blé ? (Yava) ; 10° sept Yavas font une jointure de doigt (Añgouliparvva) ; 11° douze jointures de doigt font un empan (Vitasti) ; 12° deux Vitastyas font une coudée (Hasta) ; 13° quatre coudées font un arc (Dhanou) ; 14° mille Dhanavas font un *Keou-lou-che* (Krôça) ; 15° quatre *Keou-lou-che* (Krôças) font un *Yeou-sun* (Yôdjana).

6. ↑ Dans le *Lalita vistâra* chinois, le mot sanscrit du texte, *yava* « orge », est traduit par *me* « blé, grain de blé ». Le dictionnaire *Mahâvyoulpalli* emploie aussi le même mot *yava* ; j'ai donc dû le conserver, ainsi que le synonyme légèrement fautif de la traduction chinoise.
7. ↑ Voyez le *Bulletin de la Société d'acclimatation*, tome III, mai 1856, page 245.
8. ↑ Nous n'avons pas, en français, de synonyme pour rendre le mot 甑 *Tseng*. C'est un vase en terre, surmonté d'un étage à claire-voie, pour cuire le riz à la vapeur. J'ai été obligé d'emplyer une périphrase.
9. ↑ On sait que les Chinois se servent de deux petits bâtons en guise de fourchette.

10. ↑ Il y a ici une transposition ; au lieu de *Peï-tchou*, il faut lire *Tchou-peï* « coquilles à perles ». Cf. *Tchoang-tseu*, liv. XII, fol. 26.

LIVRE TROISIÈME.

ROYAUME DE OU-TCHANG-NA.

(OUDIYÂNA.)

Le royaume de Ou-tchang-na (Oudyâna) a environ cinq mille li de tour. On y voit une suite de montagnes et de vallées, de plaines basses et humides et de plateaux élevés. Quoiqu'on sème diverses sortes de grains, les produits de la terre ne sont pas abondants. Il y a beaucoup de raisins et peu de cannes à sucre. Ce pays donne de l'or et du fer, et il est favorable à la culture du Yo-kin-hiang (Curcuma). Les forêts végètent avec vigueur ; les fleurs et les arbres à fruits présentent un aspect florissant. Le froid et le chaud sont modérés, le vent et la pluie viennent dans leur saison. Les hommes sont d'un caractère mou et pusillanime ; ils sont naturellement enclins à la ruse et à la fourberie. Ils aiment l'étude, mais n'y apportent aucune ardeur. La science des formules magiques est devenue chez eux un art et une profession, lis portent la plupart des vêtements de coton blanc, et s'habillent rarement avec d'autre étoffe. Leur langue parlée, malgré quelques différences, ressemble beaucoup à celle de l'Inde. La même analogie se remarque dans les caractères de l'écriture et les règles de la civilité.

Ils estiment la loi du *Bouddha* et croient, avec respect, à la doctrine du *Grand Véhicule*.

Sur les deux rives[1] du fleuve *Sou-po-fa-sou-tou* (Çoubhavastou), il y avait jadis quatorze cents *Kia-lan* (Sañghârâmas), qui sont la plupart en ruines. Jadis ils renfermaient dix-huit mille religieux, mais aujourd'hui leur nombre est fort diminué. Tous ces religieux étudient la doctrine du *grand Véhicule*, et se livrent particulièrement à la pratique de la méditation (Samâdhi). Ils aiment à lire les textes qui traitent de cette doctrine ; mais ils sont incapables d'en approfondir le sens. Ils tiennent une conduite pure, et cultivent surtout la science des formules magiques. Il y a cinq écoles où l'on enseigne les règles de la discipline. Ce sont : 1° *Fa-mi-pou* (l'école des Dharmagouptas) ; 2° *Hoa-ti-pou* (l'école des Mahîçâsakas) ; 3° *In-kouang-pou* (l'école des Kâçyapîyas) ; 4° *Choue-i-tsie-yeou-pou* (l'école des Sarvâstivâdas) ; 5° *Ta-tchong-pou* (l'école des Mahâsañghikas).

Il y a une dizaine de temples des Dieux (Dêvâlayas). Les hérétiques des différentes sectes habitent pêle-mêle.

On compte quatre ou cinq villes fortifiées. La plupart des rois de ce pays ont pris pour capitale la ville de *Moung-kie-li* (Moungali), qui a de seize à dix-sept li de circuit. La population est fort nombreuse.

À quatre ou cinq li à l'est de la ville de *Moung-kie-li* (Moungali), il y a un grand *Stoûpa*, où éclatent beaucoup de miracles. Ce fut en cet endroit que jadis le *Bouddha*, remplissant le rôle de *Jin-jo-sien* (Kchântirĭchi)[2], coupa (une partie de) ses membres en faveur du roi *Kie-li*[3] (Kali-râdjâ). (Il y a ici une lacune dans le texte.)

Après avoir fait de deux cent cinquante à deux cent soixante li, au nord-est de la ville de *Moung-kie-li* (Moungali), il entra dans (les gorges d'une) grande montagne et arriva à la fontaine du dragon *'O-po-lo-lo* (Apalâla), qui donne naissance au fleuve *Sou-p'o-fa-sou-tou* (Soubhavastou — lisez : Çoubhavastou), dont un bras coule au sud-ouest. Dans ce pays, il gèle au printemps et en été ; du matin au soir la neige vole en tourbillons. La neige et la pluie présentent des reflets de cinq couleurs dont l'éclat se répand de tous côtés.

Du temps de *Kia-ye-fo* (Kâçyapa Bouddha), ce dragon naquit dans la classe des hommes ; son nom était *King-ki* (Gañgî). Il était très-versé dans la science des formules magiques ; il réprimait la méchanceté des dragons et les empêchait de faire tomber une pluie violente. Grâce à sa protection, les habitants récoltaient une abondance de grains qui surpassait leurs besoins. Un tel bienfait les avait pénétrés de reconnaissance, et chaque famille lui offrait en tribut un boisseau de grains. Au bout d'un grand nombre d'années, il y en eut quelques-uns qui éludèrent cet impôt. *King-ki* (Gañgî) entra en colère, et fil le vœu de devenir un dragon venimeux pour déchaîner contre eux le vent et la pluie, et ruiner leurs moissons. Quand il eut quitté la vie, il devint le dragon de cc pays ; sa source laissait échapper un courant d'eau blanche qui anéantissait tous les produits de la terre.

A cette époque, Chi-kia-jou-laï (Çâkya Tathâgata) gouvernait le monde avec une bonté compatissante. Emu de pitié pour les habitants de ce royaume, qui étaient seuls victimes d'une telle calamité, il descendit en cet endroit et voulut convertir ce méchant dragon. Un génie, armé d'une massue de diamant (Vadjrapâṇi), en frappa les bords de la montagne. Le roi-dragon fut rempli de terreur ; il sortit de l'étang et vint faire sa soumission. Lorsqu'il eut entendu le Bouddha expliquer la loi, son âme devint pure, et son cœur s'ouvrit à la foi. Aussitôt Jou-laï (le Tathâgata) lui défendit de nuire aux moissons.

Le dragon lui dit : « Tout ce qui sert à ma nourriture me provient des champs des hommes ; mais, maintenant que j'ai reçu vos saintes instructions[4], je crains de ne plus pouvoir subvenir à mes besoins. Je désire recueillir, tous les douze ans, une provision de grains. »

Jou-laï (le Tathâgata), par un sentiment de compassion, consentit à sa demande. C'est pourquoi, maintenant, tous les douze ans, le pays est affligé une fois par les désastres de l'eau blanche.

A environ trente li, au sud-ouest de la source du dragon 'O-po-lo-îo (Apalâla), sur un grand roc du rivage septentrional du fleuve (Çoubhavastou), on voit les traces des pieds de Jou-laï (du Tathâgata). Suivant le degré de la vertu de chaque homme, elles paraissent longues ou courtes. Ce sont les traces qu'y laissa Jou-laï (le Tathâgata), avant de partir, lorsqu'il eut dompté ce dragon. Dans la suite, les hommes amassèrent des pierres sur ce roc et y construisirent une maison. On y accourt de tous côtés, et on offre des fleurs et des parfums.

En descendant le fleuve, à trente il de là, on arrive à une pierre sur laquelle Jou-lat (le Tathâgata) lava ses vêtements. On y voit les raies de l'étoffe de sou Kiacha (Kachâya), qui sont aussi visibles que si elles avaient été gravées.

A environ quatre cents li au sud de la ville de Moung-kie-li (Moungali), on arrive au mont Hi-lo (Hila). Les eaux de la vallée se partagent à l'ouest, et remontent ensuite du côté de l'est. Des fleurs variées tapissent les bords des torrents, et des arbres à fruits d'espèces rares garnissent les bords de la montagne. Ici, l'on voit des sommets escarpés et des cavernes profondes ; là, des torrents qui serpentent â travers la vallée. Tantôt, on entend des clameurs, tantôt les sons d'une musique harmonieuse. Il y a des pierres carrées semblables à des couchettes, et qu'on croirait taillées de main d'homme. Elles se touchent et continuent depuis les bords de la montagne jusque dans la vallée. Ce fut en cet endroit que, jadis, Jou-laï (le Tathâgata) fit l'aumône de sa vie, après avoir entendu un demi Gâthâ.

A environ deux cents li au sud de la ville de Moung-kie-li (Moungali), à côté d'une grande montagne, on arrive au couvent de Mo-ho-fa-na[5] (Mahâvana sañghârâma). Jadis, lorsque Joulaï (le Tathâgata) menait la vie d'un Pou-sa (Bôdhisattva), et portait le nom de Sarvadarâdja[6], pour se soustraire â ses ennemis, il abandonna son royaume, et arriva secrètement dans cet endroit. Là, il rencontra un pauvre Brâhmane qui demandait l'aumône. Comme il avait perdu son trône, il n'avait rien à lui donner. Aussitôt, il ordonna à cet homme de le lier lui-même, et de le mener au roi son ennemi, espérant par là provoquer une récompense qui deviendrait, pour le mendiant, un bienfait et une aumône.

Au nord-ouest du couvent de Mo-ho-fa-na (Mahâvana) [7], on descend de la montagne, et, au bout de trente à quarante li, on arrive à un couvent appelé Mo-sou-kia-lan[8] (Masoûra sañghârâma). On y voit un Stoûpa, haut d'environ cent pieds.

A côté de ce monument, il y a une grande pierre carrée, qui a conservé les traces des pieds du Bouddha. Jadis, lorsque le Bouddha marcha sur cette pierre, il répandit un kôṭi (dix millions) de rayons, qui illuminèrent le couvent de Mo-ho-fa-na (Mahâvana) ; puis, en faveur des hommes et des dieux, il exposa les événements de ses existences passées[9]. Au pied de ce Stoupa, il y a une pierre d'un blanc jaune, qui est constamment humectée d'une substance onctueuse. Cela vient de ce que, jadis, Jou-laï (le Tathâgata) ayant entendu la droite loi lorsqu'il menait la vie d'un Pou-sa (Bôdhisattva), brisa, en ce lieu, un de ses os, et écrivit (avec sa moelle) des livres sacrés.

À soixante ou soixante-dix li à l'ouest du couvent des Lentilles (Masoûra sañghârama), il y a un Stoûpa bâti par le roi Açôka. Ce fut là que, jadis, Jou-laï (le Tathâgata) pratiqua les actes d'un Pou-sa (d'un Bôdhisattva), sous le nom du roi Chi-pi-kia (Çivika ?). Comme il cherchait à obtenir le fruit de Bôdhi (de l'intelligence), il coupa, en ce lieu, la chair de son corps pour remplacer (racheter) une colombe que tenait un épervier.

À deux cents li au nord-ouest du lieu où le Bouddha remplaça (racheta) la colombe, on entre dans la vallée de Cha-ni-lo-che (Çanirâdja ?), et l'on arrive au couvent de Sa-pao-cha-ti[10] (Sarpâuchadhi). On y voit un Stoûpa, haut d'environ quatre-vingts pieds. À l'époque où Jou-laï (le Tathâgata) était Ti-chi (Indra), le pays fut affligé par la famine ; les maladies et la peste se répandirent partout. La science des médecins était impuissante, et les routes étaient couvertes de cadavres. Ti-chi (Indra) fut ému de compassion, et songea à secourir et à sauver (les malheureux habitants). Alors il se métamorphosa, revêtit le corps d'un grand serpent, et étendit son cadavre tout le long de la vallée. Il fit un appel au milieu des airs. Tous ceux qui l'entendirent turent remplis de reconnaissance et de joie, et accoururent à l'envi. A mesure qu'ils coupèrent (la chair du serpent), ils se sentirent revivre, et furent délivrés a la fois de la faim et de la maladie.

A côté et à une petite distance du couvent, on voit le grand Stoûpa de Sou-mo (Soûma) ; voici l'origine de ce nom. Jadis, Jou-laï (le Tathâgata), à l'époque où il remplissait le rôle de Ti-chi (Indra), fut rempli de compassion en voyant que tous les hommes étaient en proie aux maladies et à la peste. Il se métamorphosa en Serpent d'eau[11]. Tous ceux qui mangèrent de sa chair recouvrèrent la santé.

Au bord d'un rocher escarpé, situé au nord de la vallée de Chan-ni-lo-che (Çaṇirâdja ?), il y a un Stoûpa. Parmi les malades qui y viennent prier, il y en a un grand nombre qui obtiennent leur guérison.

Jadis, Jou-laï (le Tathâgata), étant un Roi des paons (Mayoûrarâdja), arriva en cet endroit avec sa troupe, qui, tourmentée par une soif brûlante, cherchait de l'eau sans pouvoir en trouver. Le roi des paons frappa le rocher avec son bec, et il en jaillit une source qui coula avec abondance, et forme aujourd'hui un étang. Tous les malades qui boivent de celle eau, ou qui s'y baignent, sont promptement guéris. Sur la pierre, on voit encore les traces des pieds des paons.

Au sud-ouest de la ville de *Moung-kie-li* (Moungali), il fit de soixante à soixante et dix li. À l'orient d'un grand fleuve (le Çoubhavastou), il y a un Stoûpa, haut d'environ soixante pieds, qui fut fondé par le roi Chang-kiun (Outtarasêna). Jadis, Jou-laï (le Tathâgata), étant sur le point d'entrer dans le Nirvâna, appela la grande multitude, et dit : « Après mon Nirvâna, Changhiun (Outtarasêna), roi de Ou-tchang-na (Oudyâna), devra obtenir une part de mes reliques (Çarîras). » Quand les rois furent sur le point de les partager d'une manière égale, le roi Chang-kiun (Outtarasêna) arriva après les autres, el aussitôt l'on attribua ce retard à un sentiment de mépris et de dédain.

Dans ce temps-là, les Dieux publièrent de nouveau les dernières paroles de Jou-laï (du Tathâgata). Alors ce roi obtint une part égale des reliques, Il les prit et s'en retourna dans son royaume, où il éleva un Stoûpa pour les honorer.

À côté, sur le rivage d'un grand fleuve, il y a une énorme pierre qui a la forme d'un éléphant. Jadis, le roi Chang-kiun (Outtarasèna), s'en retournant dans ses États, fit transporter, sur un éléphant blanc, les Che-li (Çarîras — reliques du Bouddha). Quand il fut arrivé en cet endroit, l'éléphant tomba tout à coup et mourut. Il se changea aussitôt en pierre. À côté de cette pierre, le roi éleva immédiatement un *Stoûpa*.

À environ cinquante li, à l'ouest de la ville de *Moungkie-li* (Moungali), on passe un grand fleuve et l'on arrive à un *Stoûpa* appelé *Lou-hi-ta-kia*[12], qui a environ cinquante pieds de hauteur, et dont la construction est due au roi *Wou-yeou* (Açôka). Jadis, *Jou-laï*, menant la vie d'un *Pou-sa* (Bôdhisattva), était roi d'un grand empire sous le nom de *Tse-li* (Mâitrîbala). En cet endroit, il se perça le corps pour nourrir de son sang cinq Yotcha (Yakchas — Démons).

À environ trente li, au nord-est de la ville de *Moung-Kie-li* (Moungali), on arrive à un *Stoûpa* de pierre extraordinaire (*Ngo-pou-to-chi-sou-tou-po*[13]), qui a environ quarante pieds de hauteur. Jadis, *Jou-lai* (le Tathâgata) expliqua la loi en faveur des hommes et des Dieux pour les instruire et les guider. Quand *Jou-laï* fut parti, ce *Stoûpa* sortit tout à coup de terre. Les hommes du peuple l'entourent d'hommages et de respects, et ne cessent d'offrir des parfums et des fleurs.

À l'ouest du *Stoûpa* de pierre [extraordinaire], on passe un grand fleuve, et, au bout de trente à quarante li, on arrive à un *Vihâra* où l'on voit la statue de *'O-po-lou-tchi-ti-chi-fa-lo-pou-sa* (Avalôkitêçvara Bôdhisattva). Les effets de sa puissance divine se répandent d'une matière mystérieuse, et ses miracles brillent avec éclat. Les disciples de la loi (les religieux) accourent en foule, et y font continuellement des offrandes.

À cent quarante ou cent cinquante li, au nord-ouest de la statue de *Kouan-tseu-t'saï-pou-sa* (Avalôkitêçvara Bôdhisattva), on arrive à la montagne de *Lan-po-lou*. Sur le passage de cette montagne, il y a un *étang de dragons* (Nâgahrada), qui a environ trente li de circuit. Ses flots azurés se déroulent au loin ; ses eaux sont claires et pures comme un miroir. Jadis, le roi *Pi-lou-tse-kia* (Viroûdhaka) ayant attaqué les descendants de *Çâkya*, il y eut quatre hommes qui, pour avoir résisté à son armée, se virent chassés par leurs proches parents. Chacun d'eux s'enfuit de son côté. Un de ces Çâkyas, après avoir quitté la capitale du royaume, voyagea par terre et par eau, et, se trouvant harassé de fatigue et exténué, s'arrêta au milieu de sa route. Dans ce moment, il y eut une oie qui, d'un vol rapide, s'élança au-devant de lui. Quand il l'eut apprivoisée, il monta sur son dos. L'oie s'éleva dans les airs, et vint s'abattre à côté de cet étang. Le descendant de Çâkya voyagea ainsi dans les airs, et visita au loin des royaumes étrangers. Un jour qu'il s'était égaré et ne pouvait reconnaître sa route, il se coucha à l'ombre d'un arbre et s'y endormit. La jeune fille du dragon de cet étang, se promenant au bord de l'eau, aperçut soudain le descendant de Çâkya, et, craignant de n'être pas digne de lui, elle se métamorphosa et prit une forme humaine ; puis elle le toucha doucement. Celui-ci se réveilla en sursaut, et lui adressa aussitôt ses remercîments. « Je ne suis, dit-il, qu'un pauvre voyageur exténué de fatigue ; comment daignez-vous vous attacher à moi ? » Bientôt après, il lui témoigna une vive affection et la pressa de s'unir à lui au milieu des champs[14]. « Mon père et ma mère, lui répondit la jeune fille, m'ont donné leurs instructions, et j'y obéis avec respect. Quoique j'aie eu le bonheur d'être accueillie par vous avec une extrême bienveillance, je n'ai pas encore reçu les ordres souverains de mes parents. »

— Les montagnes et les vallées, reprit le descendant de Çâkya, nous couvrent de leur ombre. Où est située votre maison ? — « Je suis, dit-elle, la fille du dragon de cet étang. J'ai appris, avec respect, que les membres de votre famille sainte errent dispersés pour échapper à la mort. Heureusement qu'en me promenant, j'ai osé vous offrir des consolations et adoucir vos fatigues. Vous m'avez ordonné ensuite de répondre en secret à votre amour ; mais je ne sais pas encore quelles seront les volontés de mes parents. Ajoutez à cela que, pour avoir accumulé le malheur sur ma tête, j'ai reçu ce corps de dragon. Les hommes et les animaux ont des voies différentes ; je n'ai jamais entendu dire qu'une telle union fût possible. »

— Si vous daignez, dit le descendant de *Çâkya*, consentir d'un seul mot, vous aurez comblé les vœux j'ai formés depuis longtemps.

— Je reçois avec respect vos ordres, répondit la fille du dragon ; je suis prête à vous suivre. »

À ces mots, le descendant de *Çâkya* prononça ce serment : « Par la puissance de toutes les vertus qui sont en moi, j'ordonne que cette fille du dragon se revête complètement d'un corps humain ! »

Par la puissance de sa vertu, la fille du dragon se métamorphosa sur-le-champ. Aussitôt qu'elle eut obtenu un corps humain, elle éprouva une joie profonde, et remercia ainsi le descendant de *Çâkya* : Pour avoir accumulé le malheur sur ma tête, j'avais, de siècle en siècle, parcouru une mauvaise voie[15]. Heureusement pour moi, vous avez daigné me témoigner de l'intérêt. Par la puissance de vos vertus, ce corps hideux, que je traînais depuis un nombre immense de *kalpas*, s'est métamorphosé en un instant. J'aurais beau le réduire en poudre pour vous remercier d'un si grand bienfait, je n'aurais pas encore épuisé ma reconnaissance. Si je n'écoutais que mon cœur, je voudrais vous accompagner dans vos voyages ; mais je suis retenue par la crainte de l'opinion publique. Je désire avertir mon père et ma mère ; ensuite, nous observerons les rites prescrits. »

La fille du dragon retourna dans l'étang et avertit ainsi son père et sa mère : « Aujourd'hui, en me promenant, j'ai rencontré un descendant de *Çâkya*, qui, par la puissance de sa vertu, m'a métamorphosée et m'a donné un corps humain. Il m'a montré de l'affection et désire m'épouser. J'ose vous en informer avec sincérité. »

Le roi-dragon ravi, au fond de son cœur, de la voir rentrée dans la voie des hommes, et rempli d'estime pour la famille sainte[16], accéda avec empressement à la prière de sa fille. Il sortit alors de l'étang et alla remercier le descendant de *Çâkya*. « Vous n'avez point dédaigné, lui dit-il, des êtres d'une espèce différente de la vôtre, et vous avez abaissé votre dignité jusqu'aux créatures les plus abjectes. Je désire, en conséquence, que vous veniez dans ma demeure ; j'oserai alors vous offrir la main de ma fille[17]. »

Le descendant de *Çâkya*, ayant écouté cette prière du roi-dragon, se rendit immédiatement dans sa demeure. Alors, dans le palais du dragon, il alla lui-même au-devant de son épouse, et accomplit les cérémonies prescrites ; puis, heureux de s'unir à son épouse, il s'enivra de plaisir et de bonheur. Le descendant de *Çâkya*, voyant les formes hideuses des serpents, éprouvait un sentiment d'effroi et de dégoût, et voulait se retirer ; mais le roi des dragons le retint. « De grâce, lui dit-il, ne nous abandonnez pas ; allez demeurer dans cette maison voisine. Je vous fournirai les moyens de vous rendre maître de ce pays et d'y obtenir un nom illustre. Tous les habitants deviendront vos sujets, et la durée de votre dynastie s'étendra jusqu'à la postérité la plus reculée. »

Le descendant de *Çâkya* le remercia et lui dit : « Ce n'est point là ce que je désire. »

Le roi des dragons plaça dans un coffre une épée précieuse, et mit par-dessus une pièce de coton blanc d'une beauté admirable ; puis il dit au descendant de *Çâkya* : « Veuillez prendre cette pièce de coton, et allez l'offrir au souverain de ce royaume. Il ne manquera pas d'accueillir ce tribut d'un étranger ; vous profiterez de ce moment pour tuer le roi, et vous vous emparerez de ses États. N'est-ce pas là un excellent projet ? »

Le descendant de *Çâkya*, ayant reçu les instructions du roi des dragons, alla sur-le-champ faire son offrande au roi Oudyâna, qui prit lui-même la pièce de coton blanc. Alors, le descendant de *Çâkya* le saisit par sa manche et le perça de son épée. Les serviteurs et les satellites du roi poussèrent de grands cris au bas des degrés du trône. Le descendant de *Çâkya* leur dit alors, en brandissant son épée : « Cette arme que je tiens, est un présent qu'un dragon divin a daigné me donner pour châtier ceux qui tarderont à se soumettre, et immoler ceux qui me refuseront l'obéissance. »

Tous furent saisis d'effroi, en le voyant animé d'une valeur surhumaine, et se hâtèrent de le proclamer roi. Sur ces entrfaites, il corrigea[18] les abus et fonda une bonne administration ; il accorda des distinctions aux sages et eut pitié des malheureux. Après quoi, il mit toutes ses troupes en marche, fit apprêter son char royal, et se rendit en pompe au palais du roi des dragons, pour lui faire connaître l'exécution de ses ordres. Il alla au-devant de la fille du dragon, et la ramena dans sa capitale. Mais les péchés anciens de la fille du dragon n'étaient pas entièrement effacés, et son expiation n'était pas encore complète. Toutes les fois que son époux voulait lui témoigner son amour, neuf têtes de dragons sortaient subitement de son cou. Le descendant de *Çâkya*, plein d'effroi et de dégoût, ne savait quel parti prendre. Il attendit qu'elle fût endormie, et les trancha d'un coup de sabre. La fille du dragon s'éveilla en sursaut, et lui dit : « Ce que vous venez de faire ne tournera pas au profit de vos descendants ; non-seulement ma vie en souffrira un peu, mais vos fils et vos petits-fils ressentiront de cruels maux de tête. » Voilà pourquoi la famille royale de ce pays est ordinairement sujette aux mêmes douleurs ; elles ne sont pas continues et éclatent de temps en temps par accès. Après la mort du descendant de *Çâkya*, son fils lui succéda sur le trône, sous le nom de *Ou-ta-lo-si-na* (Outtarasêna).

À peine le roi *Chang-kiun* (Outtarasêna râdjâ) avait-il hérité de la couronne de son père que sa mère perdit la vue. Quand *Jou-laï* (le Tathâgata) revenait de dompter le dragon *'O-po-lo-lo*[19] (Apalâla), du haut des airs il descendit, dans son palais. En ce moment, le roi *Chang-kiun* (Outtarasêna râdjâ) était sorti pour se promener et se livrer à la chasse. Le *Tathâgata* profita de cette circonstance pour exposer à sa mère les vérités essentielles de la loi. Celle-ci, ayant eu le bonheur de voir le *Bouddha* et d'entendre la loi, recouvra aussitôt la vue. « Votre fils est de ma famille, lui dit *Jou-laï* (le Tathâgata) ; où est-il maintenant ?

— Il est sorti de grand matin, lui dit-elle, pour aller à la chasse ; il sera bientôt de retour. « *Jou-laï* (le Tathâgata) voulut partir avec la multitude qui l'accompagnait.

— « J'ai trouvé le bonheur ! s'écria la mère du roi. J'ai mis au monde un fils de la famille du Saint, et le *Tathâgata* a eu pitié de moi (c'est-à-dire, de ma cécité) ; de plus, il est descendu en personne dans ma maison. Mon fils va revenir dans l'instant ; je vous prie de vouloir bien rester et attendre un peu.

— Cet homme, dit l'Honorable du siècle, est de ma propre famille. Il lui suffira d'entendre (vos) instructions pour croire et comprendre ; il n'est pas nécessaire que je l'instruise moi-même pour ouvrir son cœur. Je pars. Quand il sera de retour, dites-lui que le *Tathâgata* sort d'ici, et qu'il va dans la ville de *Keou-chi* (Kouçinagarî), où il doit entrer dans le *Nie-pan* (Nirvâṇa), entre deux arbres *Sâlas*. Il convient qu'il recueille ses reliques, et qu'il leur offre lui-même ses hommages. »

À ces mots, le *Tathâgata* s'élança dans les airs avec toute sa suite, et disparut.

Comme le roi *Chang-kiun* (Outtarasêna râdjâ) était occupé à la chasse, il aperçut de loin l'intérieur de son palais, éclairé par une lueur extraordinaire, et soupçonna qu'elle provenait d'un incendie. Il quitta la chasse et s'en revint en toute hâte. Il vit alors sa mère qui avait recouvré la vue ; il en fut transporté de joie, et l'interrogea ainsi : « Combien de temps après mon départ est arrivé cet heureux prodige qui a permis à ma tendre mère de revoir le jour comme auparavant ?

— À peine étiez-vous sorti, lui dit-elle, que le Tathâgata est descendu ici. Aussitôt après avoir entendu le Bouddha expliquer la loi, j'ai recouvré la vue. En sortant d'ici, le Tathâgata s'est rendu dans la ville de *Keou-chi* (Kouçinagarî), où il doit entrer dans le Nirvâṇa entre deux arbres *So-lo* (Sâlas). Il vous invite à y aller promptement, pour recueillir une partie de ses restes (Çarîras). »

En entendant ces paroles, le roi poussa des cris de douleur, et tomba sans mouvement. Ayant repris ses sens longtemps après, il fit apprêter son char et s'y rendit en toute hâte. Quand il fut arrivé auprès des deux arbres *So-lo* (Sâlas), le Bouddha était déjà entré dans le *Nie-pan* (Nirvâna). À cette époque, les rois des différents royaumes, qui le méprisaient comme habitant un pays frontière, et attachaient une valeur infinie aux reliques, ne voulurent point lui en donner sa part. Mais, dans ce moment, la grande multitude des Dieux publia de nouveau les volontés du *Bouddha*. Aussitôt que les rois eurent entendu ces ordres, ils partagèrent également les reliques, en commençant par lui.

Au nord-est de la ville de *Moung-kie-li* (Moungali), il franchit une montagne, traversa une vallée et remonta le fleuve *Sin-tou* (l'Indus). Les routes qu'il eut à suivre (par terre) étaient dangereuses, et les vallées sombres. Tantôt il lui fallait marcher sur des cordes lâches, tantôt sur des chaînes de fer fortement tendues. Ici, c'étaient des passerelles suspendues au milieu des airs, là, des ponts volants jetés sur des précipices ; ailleurs, des chemins taillés au ciseau ou des échelons pour grimper. Après avoir fait environ mille li, il arriva à la vallée de *Tha-li-lo* (Dhalila), où existait jadis la capitale du royaume de *Ou-tchang-na* (Oudyâna). Ce royaume produit une grande quantité d'or et de *Curcuma* (Yokin-hiang). À côté d'un grand couvent, qui est situé au milieu de la vallée de *Tha-li-lo* (Dhalila), il y a une statue de *Tse-chi-pou-sa* (Mâitrêya Bôdhisattva), en bois sculpté. Elle a une couleur d'or d'un éclat éblouissant, et opère secrètement des miracles divins. Cette statue est haute d'environ cent pieds. Elle a été exécutée par les soins du *Lo-han* (de l'Arhat) *Mo-tien-ti-kia* (Madhyântika). Cet Arhat, par l'effet de sa puissance divine, enleva dans les airs un sculpteur en bois, et le fit monter au ciel des *Touchitas* (Tou-chi-to), afin qu'il vît de ses propres yeux la figure merveilleuse (de Mâitrêya). Après le troisième voyage, son œuvre se trouva achevée. Depuis l'existence de cette statue, un bras du fleuve de la loi s'est dirigé vers l'orient.

En partant de ce royaume, il marcha vers l'est, franchit des passages de montagne, traversa des vallées et remonta le fleuve *Sin-tou* (Sindh — Indus). À l'aide de ponts volants et de légères passerelles, il marcha au-dessus des précipices et des abîmes. Après avoir fait de cette manière environ cinq cents li, il arriva au royaume de *Po-lou-lo* (Bolor). (Inde du nord.)

ROYAUME DE PO-LOU-LO.

(BOLOR.)

Le royaume de *Po-loa-lo* (Bolor) a environ quatre mille li de circuit ; il est situé au milieu des grandes montagnes neigeuses. Il est allongé de l'est à l'ouest et resserré du sud au nord. Il produit beaucoup de froment et de haricots, et l'on en tire de l'or et de l'argent. Grâce aux bénéfices des mines d'or, les ressources du royaume sont très-abondantes. Le climat est constamment glacial ; les hommes sont d'un caractère violent et farouche ; ils n'ont qu'un faible sentiment de l'humanité et de la justice, et n'ont jamais entendu parler des rites. Leurs traits sont communs et ignobles. Ils portent des vêtements de laine grossière. Les caractères de l'écriture ressemblent beaucoup à ceux de l'Inde ; mais la langue parlée diffère de celle des autres royaumes. Il y a plusieurs centaines de couvents, où l'on compte quelques milliers de religieux, qui ne montrent pas une grande ardeur pour l'étude, et s'écartent souvent des règles de la discipline.

En partant de ce royaume, il revint dans la ville de *Ou-to-kia-han-tch'a* (Outakhânḍa ?), et passa, au sud, le fleuve *Sin-tou* (Sindh — Indus). Ce fleuve est large de trois à quatre li et coule au sud-ouest. Ses eaux sont pures comme un miroir et roule ni avec impétuosité. Des dragons venimeux et des animaux malfaisants habitent ses humides cavernes. Si l'on passe le fleuve, en portant des pierres précieuses, des semences de fleurs et d'arbres rares, ou bien des reliques du Bouddha, la plupart du temps le bateau s'engloutit sous les flots.

Après avoir passé le fleuve (l'Indus), on arrive au royaume de *Ta-tcha-chi-lo* (Takchaçilâ), (Inde du nord.)

ROYAUME DE TA-TCH'A-CHI-LO[20].

(TAKCHAÇILÂ.)

Le royaume de *Ta-tch'a-chi-lo* (Takchaçilâ) a environ deux mille li de tour. La circonférence de la capitale est d'environ dix li. La famille royale est éteinte, et des hommes puissants se disputent le pouvoir à main armée. Anciennement, ce pays était soumis au royaume de *Kia-pi-che* (Kapiça) ; mais, dans ces derniers temps, il s'est mis sous la dépendance du royaume de *Kia-chi-mi-lo* (Cachemire). Ce pays est renommé pour sa fertilité, et donne de riches moissons. Il est arrosé par une multitude de sources et de cours d'eau ; les fleurs et les fruits y abondent. Le climat est tempéré, les hommes sont d'un caractère vif et intrépide ; ils estiment et révèrent les *trois Précieux*. Il y a un grand nombre de couvents, mais ils sont la plupart déserts. On n'y voit qu'un petit nombre de religieux qui tous étudient la doctrine du *grand Véhicule*.

À environ soixante et dix li au nord-ouest de la capitale, on voit l'étang du roi-dragon I-lo-po-to-lo (Êlâpatra). Il a une centaine de pas de circonférence ; ses eaux sont pures el limpides ; des lotus de différentes couleurs ornent ses bords de leurs teintes brillantes et variées. Ce dragon élait un Pi-tsoa (Bhikchou) qui, du temps de Kia-ye-fo (Kâçyapa Bouddha), avait détruit l'arbre I-lo-po-to-lo (Êlâpatra).

C'est pourquoi, lorsque les habitants de ce pays veulent demander de la pluie ou du beau temps, ils se rendent avec des Cha-men (Çramanas) au bord de l'étang, font claquer leurs doigts, et invoquent le dragon d'une voix douce. Sur-le-champ, ils obtiennent l'objet de leurs vœux.

Après avoir fait environ trente li, au sud-est de l'étang du dragon, il entra dans les gorges de deux montagnes, et vit un Stoûpa qui avail été construit par le roi Wou-yeou (Açoka). Il avait environ cent pieds de hauteur. Chi-kia-jou-lat (Çâkya Tathâgata) avait prédit qu'à l'époque où le futur Mâitrêya paraîtrait dans le Page:Xuanzang, Julien - Mémoires sur les contrées occidentales, tome 1.djvu/241 Page:Xuanzang, Julien - Mémoires sur les contrées occidentales, tome 1.djvu/242 Page:Xuanzang, Julien - Mémoires sur les contrées occidentales, tome 1.djvu/243 Page:Xuanzang, Julien - Mémoires sur les contrées occidentales, tome 1.djvu/244 Page:Xuanzang, Julien - Mémoires sur les contrées occidentales, tome 1.djvu/245 Page:Xuanzang, Julien - Mémoires sur les contrées occidentales, tome 1.djvu/246 Page:Xuanzang, Julien - Mémoires sur les contrées occidentales, tome 1.djvu/247 Page:Xuanzang, Julien - Mémoires sur les contrées occidentales, tome 1.djvu/248 Page:Xuanzang, Julien - Mémoires sur les contrées occidentales, tome 1.djvu/249 Page:Xuanzang, Julien - Mémoires sur les contrées occidentales, tome 1.djvu/250 Page:Xuanzang, Julien - Mémoires sur les contrées occidentales, tome 1.djvu/251 Page:Xuanzang, Julien - Mémoires sur les contrées occidentales, tome 1.djvu/252 Page:Xuanzang, Julien - Mémoires sur les contrées occidentales, tome 1.djvu/253 Page:Xuanzang, Julien - Mémoires sur les contrées occidentales, tome 1.djvu/254 Page:Xuanzang, Julien - Mémoires sur les contrées occidentales, tome 1.djvu/255 Page:Xuanzang, Julien - Mémoires sur les contrées occidentales, tome 1.djvu/256 Page:Xuanzang, Julien - Mémoires sur les contrées occidentales, tome 1.djvu/257 Page:Xuanzang, Julien - Mémoires sur les contrées occidentales, tome 1.djvu/258 Page:Xuanzang, Julien - Mémoires sur les contrées occidentales, tome 1.djvu/259 Page:Xuanzang, Julien - Mémoires sur les contrées occidentales, tome 1.djvu/260 Page:Xuanzang, Julien - Mémoires sur les contrées occidentales, tome 1.djvu/261 Page:Xuanzang, Julien - Mémoires sur les contrées occidentales, tome 1.djvu/262 Page:Xuanzang, Julien - Mémoires sur les contrées occidentales, tome 1.djvu/263 Page:Xuanzang, Julien - Mémoires sur les contrées occidentales, tome 1.djvu/264 Page:Xuanzang, Julien - Mémoires sur les contrées occidentales, tome 1.djvu/265 Page:Xuanzang, Julien - Mémoires sur les contrées occidentales, tome 1.djvu/266 Page:Xuanzang, Julien - Mémoires sur les contrées occidentales, tome 1.djvu/267 Page:Xuanzang, Julien - Mémoires sur les contrées occidentales, tome 1.djvu/268 Page:Xuanzang, Julien - Mémoires sur les contrées occidentales, tome 1.djvu/269 Page:Xuanzang, Julien - Mémoires sur les contrées occidentales, tome 1.djvu/270 Page:Xuanzang, Julien - Mémoires sur les contrées occidentales, tome 1.djvu/271

ROYAUME DE KO-LO-CHE-POU-LO.
(RÂDJAPOURA.)

Le royaume de Ko-lo-che-pou-lo (Râdjapoura) a environ quatre mille li de tour ; la capitale a une circonférence d'environ dix li. Il est fortement protégé par des obstacles naturels. Il y a beaucoup de montagnes et de collines ; les vallées et les plaines sont extrêmement resserrées,

et la terre ne donne que peu de produits. Sous le rapport du climat et des propriétés du sol, ce pays ressemble au royaume de Pouan-nou-tso (Pounatcha). Les mœurs respirent une ardeur bouillante ; le naturel des hommes est brave et intrépide. Ce pays n'a point de roi ; il est sous la dépendance du royaume de Cachemire. Il y a une dizaine de couvents qui ne renferment qu'un petit nombre de religieux. On remarque un seul temple des dieux. Le nombre des hérétiques est énorme.

Depuis le royaume de Lan-po (Lampâ — Lamghan) jusqu'à ce pays, les hommes ont une figure commune et ignoble ; leur naturel est violent et sauvage, leur langage vulgaire et grossier. Ils ne font aucun cas de la justice et des rites. Cette contrée n'appartient pas proprement à l'Inde ;

clic a les mœurs vicieuses des barbares des frontières (Mlêtchhas).

En sortant de ce royaume, au sud-est, il descendit d'une montagne, passa un fleuve, et, après avoir fait environ sept cents li, il arriva au royaume de Tse-kia (Tchêka)[21].

1. ↑ Il y a une faute dans le texte, où on lit 來 *laï* « venir », au lieu de 夾 *kia* (Basile, n° 1,810) « presser des deux côtés ».
2. ↑ En chinois, *Jin-jo-sien*, le *Rĭchi* qui supporte la honte. Dans le Dictionnaire *Fan-i-ming-i-tsi*, liv. X, fol. 10, *Kchânti* est traduit par *Jin-jo-Sien* répond exactement à *Rĭchi*.
3. ↑ En chinois, *Teou-tseng* « bataille, dispute ».
4. ↑ C'est-à-dire, vos ordres.
5. ↑ En chinois, Ta-lin « grande forêt ».
6. ↑ Sa-po-ta, en chinois, I-tsie-chi « (le roi) qui donne tout ».
7. ↑ En chinois Ta-lin « la grande forêt. »
8. ↑ Il y a une faute dans le texte ; au lieu de Mo-Sou, il faut lire Mo-Sou-lo (Masoûra), qu'une note explique par teou « pois ou lentille ».
9. ↑ On appelle *Djâtakasêna* un livre sacré qui contient le recueil de ces événements. Le nom le plus usité est *Djâtaka* ou *Djâtakamâlâ*. Voy. Burnouf, *Introd. au Bouddh.* page 61.
10. ↑ En chinois, *Che-yo*, mot à mot « serpent — remède ».
11. ↑ *Sou-mo-che*. Ce mot est formé de *soûma* « eau », en sanscrit, et de *che* « serpent », en chinois.
12. ↑ *Rôhitaka* ou *Lôhitaka*, en chinois, *tch'i* « rouge ».
13. ↑ *Chi* est le mot chinois « pierre » ; les autres sons répondent à *adbhouta* « extraordinaire » (en chinois, *k'i-te*), et à Stoûpa. Il est regrettable que l'auteur n'ait pas donné les sons indiens qui répondent à *pierre*. Si le mot omis était *açmâ* « pierre », nous aurions *Adbhoutâçmastoûpa*.
14. ↑ L'expression *ye-ho* « champs-s'unir », implique l'idée de s'unir d'une manière immorale, et sans observer les usages prescrits pour la légalité du mariage.
15. ↑ On distingue trois mauvaises voies : l'état des damnés que consume le feu de l'enfer ; la condition des démons et celle des animaux. (*Fan-i-ming-i-tsi*, liv. VII, fol. 2 v°, l. 5.)
16. ↑ C'est-à-dire, la sainte race de Çâkya.
17. ↑ Littéralement : vous offrir l'arrosage et le balayage, c'est-à-dire, vous offrir une femme qui se dévouera à votre service.

18. ↑ Il y a dans le texte *youen-pi* « il continua les abus » ; il faut évidemment *khe-pi* « il corrigea les abus ».
19. ↑ Cf Burnouf, *Introduction au Bouddhisme*, p. 377, l. 5.
20. ↑ *Fa-hien* (chap. IX) explique ce mot par *tête coupée*, ce qui suppose la leçon *Takchaçira*. Le traducteur du *Fo-koue-ki* l'a fait dériver de *Tchyouta-sira* (*sic*), qu'il traduit par « tête tombée ». Voyez plus bas, page 154, note 2.
21. ↑ Inde du Nord.